AF446964

ספר
עֵץ חַיִּים
לרבינו
חַיִּים וִיטַאל ז"ל
שֶׁקִיבֵּל מִמָרָן הָאֲרִ"י זלה"ה
שַׁעַר אבי"ע
שַׁעַר ד' פֶּרֶק ג'
דְי"ז ע"ד – דְי"ט ע"ג
תש"פ
SimchatChaim.com
בהוצאת
שִׂמְחַת חַיִּים

בס"ד

הקדמה

ירפא **ה**מאציל **ו**יושיע **ה**בורא את כל חולי בני ישראל, וישלח להם רפואה שלימה, רפואת הנפש ורפואת הגוף, בכל אבריהם ובכל גידיהם לעבודתו יתברך.

בי"ב במנחם אב תשס"ה, הובהלתי לבית החולים, הרופאים לא נתנו לי סיכוי לחיות יותר מכמה שעות בגלל מספר תסבוכות. עם כל זאת בזכות התפילות של בני ישראל הקדושים, ברחמיו הרבים, ריחם עלי הקדוש ברוך הוא, ונשארתי בחיים.

עם כל זאת, הובחנה אצלי מחלה קשה בכליות, ונאמר לי שהצטרך למכונת דיאליזה. בשבילי זה היה שוק!!! אף פעם לא הייתי אצל רופא, או בבית חולים. כך בעל כרחי התחברתי למכונת דיאליזה, ומכונה זאת הייתי[1] קשורה בי כלכלב במשך שמונים חודשים בדיוק, כמניין **יסוד**, במשך 12-10 שעות ביום.

בשבת פרשת **ויחי יעקב** י"ב טבת תשע"ב, בזכות בני ישראל, שכולם אהובים כולם ברורים כולם גיבורים כולם קדושים... וכולם פותחים את פיהם באהבה שלוש פעמים ביום, ואומרים - **ברוך אתה... רופא חולי עמו ישראל**. וכללותם כל האברכים, תלמידי הישיבות, רבנים וחכמים, חסידים, מקובלים עם תינוקות של בית רבן, זקנים עם נערים, בחורים וגם בתולות, בארץ הקודש ובעולם. ומצד שני בנות ישראל היקרות מפז, שהתפללו וקבלו עליהם כל מיני קבלות, מהפרשת חלה עד צניעות וכיסוי הראש, עם הרבנים, המנהלים, המורים, המורות **והתלמידות של בית יעקב** דטורונטו שכל יום התפללו, וכללו בתפילתם שבקעה את כל הרקיעים אותי, ונושעתי אני הקטן. הושתלה בי כליה. והתנתקתי ממכונת הדיאליזה.

אמר המלך דוד - לולי[2] תורתך שעשעי אז אבדתי בעניי. מה שנתן לי חיות היא התורה הקדושה, בשעות הרבות שהיתי מחובר למכונת הדיאליזה (כ12 שעות ביום), ערכתי סדרתי וכתבתי במחשב את הקונטרסים שלמדתי במשך שנים. וקונטרסים אלו הפכו לחיבור, ואחרי התלבטיות ובקשות מבני גילי, החלטתי בעזרתו יתברך להדפיס קונטרסים אלו.

ידוע הוא כי כל דברי האר"י זלל"ה ותלמידו נאמן ביתו, רבינו חיים ויטאל הם סתומים וחתומים באלפי שרשראות ומנעולים, והרב ז"ל גלה טפח וכיסה אלפים אמה, וכלל דבריהם הוא משלים, עם כל זאת העוסק במשל פועל בעלמות העליונים בנמשל. לכן צריך זהירות גדולה לא להגשים את המשלים, בסוד המבואר בספר הזוהר הקדוש - **ועלייהו אתמר** ועליהם נאמר - **ארור האיש אשר יעשה פסל ומסכה וגומר, ושם בסתר, מאי בסתר מהו בסתר - בסתרו דעלמא** בסתר העולם. **ובגין דא אמר קודשא בריך הוא לא תעשון אתי** ומפני זה אמר הקדוש ברוך הוא לא תעשון אתי **אלה"י כסף ואלה"י** זהב, **והכי אוקמוה חבריא לא תעשון אתי כדמות שמשי שמשמשין אותי** וכך העמידוהו החברים לא תעשון אתי כדמות שמשי שמשמשים אותי במרום, **לצייירא בסתר דילי שום ציור או דמיון** לצייר בסתר שלי שום ציור או דמיון, **דכל מאן דצייר לעיל לקודשא בריך הוא** שכל מי שמצייר למעלה לקדוש ברוך הוא, **בסתר** (דאיהי שכינתיה, כלילא מעשר

<hr>

גמרא סוטה ד"ג ע"ב - גמרא סוטה ד"ג ע"ב – רבי אלעזר אומר, **קשורה בו ככלב**, שנאמר - ולא שמע אליה לשכב אצלה להיות. עמה לשכב בעולם הזה. להיות עמה לעולם הבא.

תהלים קי"ט צ"ב

ספיראן שהיא שכינתו, כלולה מעשר ספירות(, **שום ציור, וצלם, ודמות, כגוונא דמצייריין בשמשין דיליה** שמצייירים בשמשים שלו, **נשמתיה אתלבשא בההוא צלמא** נשמתו מתלבשת באותו צלם....

וכן הוא בסוף ענף ד' דשער א' בספר עץ חיים שער ההקדמות, וז"ל הטהור - ואמנם דבר גלוי הוא כי אין למעלה גוף ולא כח גוף חלילה. וכל הדמיונות והציורים אלו לא מפני שהם כך חס ושלום. אמנם **לשכך את האוזן** לכשיוכל האדם להבין הדברים העליונים, הרוחניים, בלתי נתפסים, ונרשמים בשכל האנושי. לכן ניתן רשות לדבר לבחינת ציורים ודמיונים, כאשר הוא פשוט בכל ספרי הזוהר. וגם בפסוקי התורה עצמה כולם כאחד עונים ואומרים בדבר הזה, כמו שאמר הכתוב עיני הוי"ה המה משוטטים בכל הארץ. עיני הוי"ה אל צדיקים. וישמע הוי"ה. וירח הוי"ה. וידבר הוי"ה. וכאלה רבות. וגדולה מכולם מה שאמר הכתוב - ויברא אלהי"ם את האדם בצלמו בצלם אלהי"ם ברא אותו זכר ונקבה וגו'. **ואם התורה עצמה דברה כך** גם אנחנו נוכל לדבר כלשון הזה, עם היות שפשוט הוא שאין שם למעלה אלא אורות דקים בתכלית הרוחניות, בלתי נתפשים שם כלל, וכמו שאמר הכתוב - כי לא ראיתם כל תמונה, וכאלה רבות. ואמנם יש עוד דרך אחרת כדי להמשיך ולצייר בה הדברים העליונים, והם בחינת כתיבת צורת אותיות, כי כל אות ואות מורה על אור פרטי עליון, וגם תמונת זו דבר פשוט הוא כי אין למעלה לא אות ולא נקודה, **וגם זה דרך משל וציור לשכך את האוזן** כנזכר.....

ולכן כל המבואר כאן בחיבור זה הוא כדי **לשכך את האוזן.** והתרשימים שבסוף החיבור הם כדי **לשבר את העין,** לכן אין שום ביאור והסבר שלם, ואין שום תרשים שלם בתכלית השלמות.

ידוע כי[3] דברי תורה עניים במקומן ועשירים במקום אחר, שכל סוגיה חסרה[4] במקומה, וחלקיה מפוזרים במקומות אחרים. **זאת ועוד** הרב ז"ל מערבב בדרוש אחד כמה וכמה סוגיות, כאשר בפשטות דבריו נראה שכל הדרוש הוא דרוש אחד, ולא מחולק לסוגיות שונות, ושמועות שונות, **ביאור** דברי הרב ז"ל כאן הם **בעומק, והוא בעצם ליקוט** עד איפה שידי הקצרה הגיעה, מכל חלקי ספר עץ חיים, ושמונה השערים המצויינים לרב ז"ל, מבוא שערים ושאר ספרי הרב ז"ל, והוא גם על פי הקדמת רחובות הנהר למרן הרש"ש, דרושי פנימיות וחיצוניות, דרוש הדעת, סוגיות ערכין, סוגיות דכללות והתכללות, פרטות וכללות, וסוגיות עובי ואורך, ועל פי ביאור גדולי רבותינו חכמי המקובלים לדורותם זלה"ה זי"ע.

ידוע כי[5] אין בר בלי תבן, כך אין ספר בלי טעויות, ועוד יודע אני כי דל ועני אני, **ואין**[6] **עני אלא בדעה.** לכן מבקש אני בכל לשון של בקשה אם יש לכל אחד אחד שאלות, הערות, הארות, תיקונים, נא לשלוח ל - <u>book@simchatchaim.com</u> והשתדל לענות, ולתקן את הצריך תיקון.

ברכה והצלחה בלימוד התורה הקדושה

ובעיקר בפנימיות התורה, תורת האר"י החי"י.

ורפואה שלימה לכל חולי ישראל.

אח"י

גמרא ירושלמי, ראש השנה פ"ג הלכה ה' די"ז ע"א – דברי תורה עניים במקומן, ועשירים במקום אחר.

תורת חכם דע"ב ע"ב – חסר לשון הוא, כמו שיראה המעיין.

גמרא ברכות נ"ה א' - מה לתבן את הבר נאם ה', וכי מה ענין בר ותבן אצל חלום, אלא אמר ר' יוחנן משום ר' שמעון בן יוחאי ,כשם שאי אפשר לבר בלא תבן, כך אי אפשר לחלום בלא דברים בטלים.

גמרא נדרים מ"א ע"א – אין עני אלא בדעה .

ב"ה

הקדמה קצרה לחיוב לימוד תורת הקבלה

ישמחו ה**שמים** ו**תגל הארץ** ירעם הים ומלאו. שזכינו בדור שלנו שפנימיות התורה, שהיא היא תורת הקבלה, מתפשטת לכל, וכל מקום בעולם היום לומדים בתורת הח"ן. הדור שלנו יש הרבה התעוררות ללמוד סתרי התורה הקדושה, הנקראת חכמת הקבלה. בירושלים של המאה ה-18 בישיבת **בית אל** היו בקושי מנין של מקובלים, והיום תורת הקבלה מופצת בכל מקום בארץ ובעולם. לעניות דעתי אחת הסיבות העיקריות לשינוי זה הוא רצונם של בני התורה, החוזרים בתשובה ועמך לדעת את סוד החיים, למה ברא הקדוש ברוך הוא את העולם, ואת טעמי המצות, ר"ל אי אפשר היום בדור שלנו, להסביר על פי הפשט את הסיבה מדוע אסור לאכול בשר וחלב, מדוע צריך להניח תפילין, למה לשמור דווקא שבת ולא יום שלישי, אי אפשר להגיד כל הזמן **זאת גזרת הכתוב, כך רוצה הקדוש ברוך הוא**, האנשים מחפשים הסברים למצות, לסיפורי התנ"ך, לגלגולי נשמות, ועוד. ורק על ידי עסק בפנימיות התורה, אדם מסיג את ההסברים לקושיות שיש לו. **זאת ועוד** חיים אנחנו בדור של חומריות, והאנשים מחפשים את רוחניות שבחיים, אז מה עושים, נוסעים למזרח, להודו, סין, תאילנד למצוא רוחניות, ולא יודעים **ששורש כל הרוחניות בעולם נמצאת בתורה הקדושה**, עם כל זאת כאשר הלומד את פשט התורה, **הוא לא מכיר** את הקדוש ברוך הוא, והוא בלי יראת שמים ושמחה אמתית. כותב הרב המקובל האלוה"י רבינו יהודה פתייה בפרושו הנפלא על עץ חיים - כי לימוד עץ חיים הוא עמוק מאד מאד, כי הוא **מים שאין להם סוף**, והוא קשה מאד גם לחכמים ההוגים בו תמיד, וכל שכן למתחילים. כי הוא חזק מצור, וקשה מברזל, שאי אפשר לחצוב ממנו מאומה, אם לא על ידי כלי מחצב חזקים כציפורן שמיר. וכל המתחיל בלימוד עץ חיים, אם לא יהיה לו רב, או לפחות איזה מפרש המפרש לו כוונת הפרק ההוא לפי פשוטו, נבול יבול, ואינו יכול לעמוד על הפרק כי אם לאחר יגיעה רבה, ושקידה עצומה, וכולי האי ואולי. כי הרבה פעמים יסבור המעיין שהבין הענין ההוא כראוי, ואחר שילמוד עוד איזה פרקים אחרים, ירגיש כעצמו שלא הבין את פרקים הקודמים, והניסיון יעיד על זה, עד כאן דברי קודשו. עם כל זאת חייב כל אדם לעסוק בתורת ה**ח**יים.

צדיק אתה הוי"ה וישר משפטיך. כתב הרב רבינו חיים ויטאל ז"ל בהקדמה לשער ההקדמות - והנה מה שכתב בתחילת דבריו, ואפילו כל אינון דמשתדלי באורייתא כל חסד דעבדי לגרמייהו וכו', עם היות שפשטו מבואר ובפרט בזמנינו זה, בעונותינו היום אשר התורה נעשית קרדום לחתוך בה אצל קצת בעלי תורה, אשר עסקם בתורה על מנת לקבל פרס, והספקות יתירות, וגם להיותם מכלל ראשי ישיבות, ודיני סנהדראות, להיות שמם וריחם נודף בכל הארץ, **ודומים במעשיהם לאנשי דור הפלגה הבונים מגדל וראשו בשמים**, ועיקר סיבת מעשיהם היא מה שאמר אחר כך הכתוב - **ונעשה לנו שם**... והנה על הכת הזאת אמרו בגמרא כל העוסק בתורה שלא לשמה, נוח לו שנהפכה שליתו על פניו, ולא יצא לאויר העולם. ואמנם האנשים האלה מראים תימה וענוה באמרם כי כל עסקם בתורה הוא לשמה. והנה החכם הגדול התנא רבי מאיר ע"ה העיד עליהם שלא כך הוא, באומרו לשון כללות - כל העוסק בתורה לשמה זוכה לדברים הרבה וכו', **ומגלים לו רזי תורה, ונעשה כנהר שאינו פוסק**, והולך

וכמעיין המתגבר מאליו, בלתי הצטרכו לטרוח ולעיין בה, ולהוציא טיפין טיפין של מימי התורה מן הסלע, הנה זה יורה שאינו עוסק בתורה לשמה כהלכתה, ומי זה האיש אשר לא יזלו עיניו דמעות בראותו המשנה הזאת, **ורואה חסרונו ופחיתותו**, עד כאן לשונו. לכן כל אחד צריך לטעום מעץ החיים.

חצות לילה אקום להודות לך על משפטי צדקך. כתב רבינו אליהו מני זצ"ל רבו של הרי"ח הטוב, בספרו הקדוש כסא אליהו שער ד' וז"ל - ואם זיכך הוי"ה ללמוד בחכמת האמת, הנה עצה היעוצה היא שכל סדר הלימוד בנגלה תתנהג בו ביום דווקא. **אבל בלילה תלמוד בחכמת האמת, והעיקר הלימוד אחר חצות**, כי זה הלימוד צריך ישוב דעת הרבה, וכשיקוץ האדם אז דעתו מיושבת עליו יותר. גם גה הלימוד צריך הסתר והצנע, **וכל דבר שיהיה בלילה ובפרט אחר חצות יהיה נסתר יותר מן היום**. ותעשה ועד עם החברים בבית המדרש אם הוא צנוע, **או בביתך ותלמדו בכל לילה**, עד כאן לשונו. וישב ללמוד האדם בלילה תחת עץ החיים.

קראתי בכל לב ענני הוי"ה חקיך אצרה. בהקדמה[7] לשער ההקדמות מבאר הרב ז"ל - ואמנם אל יאמר אדם אלכה לי ואעסוק בחכמת הקבלה, מקודם שיעסוק בתורה במשנה ובתלמוד, כי כבר אמרו רבינו ז"ל - **אל יכנס אדם לפרדס אלא אם כן מלא כריסו בבשר ויין**, והרי זה דומה לנשמה בלתי גוף, שאין לה שכר ומעשה וחשבון, עד היותה מתקשרת בתוך הגוף, בהיותו שלם מתוקן במצות התורה בתרי"ג מצות. **וכן בהפך** בהיותו עוסק בחכמת המשנה והתלמוד בבלי, ולא ייתן חלק גם אל סודות התורה וסתריה, כי **הרי זה דומה לגוף היושב בחושך**, בלתי נשמת אדם נר הוי"ה המאירה בתוכה, **באופן שהגוף יבש בלתי שואף ממקור חיים**, אשר זהו ענין אומרו במקום אחר ההוא הנזכר לעיל וז"ל - דאילין אינון דעבדי לאורייתא יבשה, ולא בעאן לאשתדלא בחכמת הקבלה וכו'. באופן כי התלמידי חכמים העוסקים בתורה לשמה, ולא לשמו, לעשות לו שם. צריך שיעסוק בתחילה בחכמת המקרא, והמשנה, והתלמוד, כפי מה שיוכל שכלו לסבול. ואחר כך יעסוק לדעת את קונו בחכמת האמת, וכמו שציוה דוד המלך ע"ה את שלמה בנו - דע את אלה"י אביך ועבדהו. ואם האיש הזה יהיה כבד וקשה בענין העיון בתלמוד, מוטב לו שניח את ידו ממנו, אחר שבחן מזלו בחכמה זאת, ויעסוק בחכמת האמת. וזה שמבואר כל תלמיד חכם שאינו רואה סימן יפה בתלמוד בחמשה שנים, שוב אינו רואה, עד כאן דברי קודשו. ומזה כל אחד ואחד חייב להדבק במקור החיים.

חסדך הוי"ה מלאה הארץ חקיך למדני. בשער הגלגולים, בקדמה ט"ז כתב הרב ז"ל - עוד צריך שתדע, כי האדם צריך לקיים כל התרי"ג מצות, במעשה, ובדבור, ובמחשבה. וכמו שאמרו ז"ל על פסוק - זאת התורה לעולה ולמנחה וכו', כל העוסק בפרשת עולה, כאלו הקריב עולה וכו'. וכוונו בזה שהאדם מחוייב לקיים כל התרי"ג מצות בדבור, וכן על דרך זה במחשבה. ואם לא קיים כל התרי"ג בשלשה בחינות הנזכרות, מחוייב להתגלגל עד שישלים אותם. **עוד דע**, כי האדם מחויב לעסוק בתורה בארבעה מדרגות, **שסימנם פרד"ס**, והם, פשט, רמז, דרוש, סוד וצריך שיתגלגל עד שישלים אותם. ובהקדמה י"ז כותב הרב ז"ל - שהאדם **מחוייב לעסוק בתורה בארבעה מדרגות שבה**, והיא זאת, דע, כי כללות כל הנשמות

ע"ח ד"א ע"ד.

הם ששים רבוא ולא יותר. והנה התורה היא שרש נשמות ישראל, כי ממנה חוצבו, ובה נשרשו. ולכן יש בתורה ששים רבוא פירושים, וכלם כפי הפשט. וששים רבוא ברמז. וששים רבוא בדרש. **וששים רבוא בסוד.** ונמצא, כי מכל פירוש מן הששים רבוא פרושים, ממנו נתהווה נשמה אחת של ישראל, ולעתיד לבא כל אחד ואחד מישראל, ישיג לדעת כל התורה כפי אותו הפירוש המכוון עם שרש נשמתו, אשר על ידי הפרוש ההוא נברא ונתהווה כנזכר. וכן בגן עדן אחר פטירת האדם, ישיג כל זה. וכן בכל לילה כאשר האדם ישן, ומפקיד נשמתו ויוצאה ועולה למעלה, הנה מי שזוכה לעלות למעלה, מלמדים לו שם אותו הפירוש, שבו תלוי שרש נשמתו. ואמנם הכל כפי מעשיו ביום ההוא, כך באותה הלילה ילמדוהו, פסוק אחד, או פרשה פלונית, כי אז מאיר בו יותר פסוק ההוא משאר הימים. ובלילה האחרת יאיר בנשמתו פסוק אחר, כפי מעשיו של אותו היום, וכולם על דרך הפירוש ההוא אשר תלויה בו שרש נשמתו כנזכר, עד כאן דברי קודשו. ור"ל שכל יהודי ויהודי חייב להשיג את שורש נשמתו, וללמוד את סוד החיים.

יבאוני רחמיך ואחיה כי תורתך שעשעי. מבואר במדרש משלי - אמר רבי ישמעאל, בוא וראה כמה קשה יום הדין שעתיד הקדוש ברוך הוא לדון את כל העולם כולו בעמק יהושפט. בזמן שתלמידי חכמים באים לפניו, אומר לכל אחד מהם - כלום עסקת בתורה, אמר לו הן, אומר לו הקדוש ברוך הוא הואיל והודית, אמור לפני מה שקרית, ומה ששנית בישיבה, ומה ששמעת בישיבה. מכאן אמרו - כל מה שקרא אדם יהא תפוש בידו, שלא תשיגהו בושה ליום הדין. מכאן היה רבי ישמעאל אומר - אוי הלה לאותה בושה, אוי לה לאותה כלימה, ועל זה ביקש דוד מלך ישראל בתפילה ובתחנונים לפני המקום ואמר - הוי"ה בוקר תשמע קולי בוקר אערך לך ואצפה. בא לפניו מי שיש בידו מקרא ואין בידו משנה, הקדוש ברוך הוא הופך את פניו ממנו, ושרי גיהנם מתגברים בו כזאבי ערב, ונוטלין אותו ומשליכין אותו לתוכה. בא לפניו מי שיש בידו שני סדרים או שלושה, אז הקדוש ברוך הוא אומר לו - בני, כל ההלכות למה לא שנית אותם, ואם אומר הקדוש ברוך הוא הניחוהו, מוטב, ואם לאו עושין לו כמידת הראשון. בא לפניו מי שיש בידו הלכות, הקדוש ברוך הוא אומר לו - בני, תורת כהנים למה לא שנית, שיש בה טומאה וטהרה, וטומאת שרצים וטהרת שרצים, טומאת נגעים וטהרת נגעים, טומאת נתקים ובתים וטהרת נתקים ובתים, טומאת זבים ולידה וטהרת זבים ולידה, טומאת מצורע וטהרתו, סדר ווידוי יום הכיפורים, וגזירות שוות, ודיני ערכים, וכל דין שדנו ישראל לא דנו אלא מתוכו. בא לפניו מי שיש בידו תורת כהנים, אומר לו הקדוש ברוך הוא - בני, חמישה חומשי תורה למה לא שנית, שיש בהם קריאת שמע, ותפילין, ומזוזה. בא לפניו מי שיש בידו חמישה חומשי תורה, אומר לו - בני, למה לא למדת הגדה, ולא שנית, שבשעה שחכם יושב ודורש, אני מוחל ומכפר עוונותיהם של ישראל, ולא עוד אלא בשעה שעונין אמן יהא שמיה רבה מברך, אפילו נחתם גזר דינם אני מוחל ומכפר להם עוונותיהם. בא לפניו מי שיש בידו הגדה, אומר לו הקדוש ברוך הוא - בני, תלמוד למה לא שנית, שנאמר - כל הנחלים הולכים אל הים והים איננו מלא, זה התלמוד, שיש בו חכמות הרבה. בא מי שיש בידו תלמוד, הקדוש ברוך הוא אומר לו - בני, הואיל ונתעסקת בתלמוד, **צפית במרכבה, צפית בגאוה,** שאין הניה בעולמי, אלא בשעה שתלמידי חכמים יושבים ועוסקים בתורה, מציצין ומביטין ורואין והוגין המון התלמוד הזה - **כסא כבודי היאך הוא עומד. רגל הראשונה במה היא משמשת, שנייה במה היא משמשת, שלישית במה היא משמשת, רביעית במה היא משמשת, חשמל היאך הוא עומד, ובכמה פנים הוא מתהפך בשעה**

אחת, לאי זה רוח הוא משמש, הברק היאך הוא עומד, כמה פנים של זוהר נראין בין כתפיו, לאיזה רוח משמש, כרוב היאך הוא עומד, לאי זה רוח הוא משמש. גדולה מכולם עיון כיסא הכבוד, היאך הוא עומד, עגול הוא כמין מלבן, ומתוקן הוא, כמה גשרים יש בו, כמה הפסק בין גשר לגשר, וכשאני עובר באיזה גשר אני עובר, ובאי זה גשר האופנים עוברים, ובאיזה גשר הגלגלים עוברים. גדולה מכולם מצפורני ועד קודקודי, היאך אני עומד, כמה שיעור בפיסת ידי, וכמה שיעור אצבעות רגלי. גדולה מכולם כיסא כבודי, היאך הוא עומד, לאיזה רוח הוא משמש, באחד בשבת לאיזה רוח הוא משמש, בשני בשבת לאיזה רוח הוא משמש, בשלישי בשבת לאיזה רוח הוא משמש, ברביעי בשבת, בחמישי בשבת, בשישי בשבת לאיזה רוח משמשין, וכי לא זהו הדרי, זהו גדולתי, זהו הדר יופי, שבניי מכירין את כבודי במידה הזאת. ועליו אמר דוד - מה רבו מעשיך הוי"ה, כולם בחכמה עשית, מלאה הארץ קנינך. עד כאן לשון המדרש. ממדרש זה לומדים על חובת כל אחד ואחד מישראל את לימוד כל חלקי הפרד"ס, ובעיקר את בחינת הסוד שבתורה, הנקרא[8] מעשה מרכבה, ובמעשה בראשית. ומבאר הרב בית לחם יהודה על השינוי שיש בפסוקים במעמד הר סיני, בפסוק אחד כתוב - ויחן שם ישראל תחת ההר. ומספר פסוקים יותר מאוחר כתוב וירא העם וינועו מרחק. וידוע כי כאשר כתוב בתורה ישראל, מדובר בבני ישראל, וכאשר כתוב העם, מדובר על הערב רב. וז"ל הרב בית לחם יהודה - ובזוהר בהעלותך דף קנ"ב ע"א קרי להעוסקים בחכמת האמת, אינון דהוי קיימי בטורא דסיני. וז"ל - חכימין עבדי דמלכא עלאה אינון דקיימו בטורא דסיני, לא מסתכלי אלא בנשמתא, דאיהי עיקרא דכלא אורייתא ממש וכו'. ונראה בעיני אם מותר, משמע אותן שאינן יודעים סודות התורה לא עמדו על הר סיני, עד כאן לשונו. ונראה לי בביאור כוונתו כי בתחלה כשיצאו ישראל לקראת האלהי"ם, היו מתיצבים בתחתית ההר, ואחר כך נאמר וירא העם וינועו ויעמדו מרחוק, כי היו יראים פן תאכלם האש הגדולה הזאת וימיתו. והיה מקצת מהעם שהיו ששים ושמחים לקראת השכינה, ולא רצו לזוז ממקומם הראשון, ולעמוד מרחוק, אפילו אם ימיתו ממש. ועליהם הוא מה שכתב בזוהר הנזכר - אינון דקיימו בטורא דסיני, כלומר ולא נעו ועמדו מרחוק, אלא עמדו בטורא דסיני מתחלה ועד סוף, ולכן הם זוכים לחכמת האמת. ואותם הנשמות אשר נעו עם העם ועמדו מרחוק, כן הם עושים גם עתה, שנסים ועומדים מרחוק לחכמת האמת מיראתם, פן תאכלם האש הגדולה הזאת. ולכן על כל אחד ואחד מבני ישראל הקדושים מחויב לעמוד תחת עץ החיים.

יראיך יראוני וישמחו כי לדברך יחלתי. בספר הזוהר הקדוש מבואר מדוע התפילות של בני ישראל לא נענות, וז"ל תיקוני הזוהר תיקון מ"ג - **בראשית תמן את"ר יב"ש** במלת בראשית יש אותיות את"ר יב"ש, **ודא איהו ונהר יחרב ויבש** היסוד הנקרא נהר יחרב ויבש ממי השפע, ואין לו מה להשפיע למלכות, **בההוא זמנא דאיהו יבש** באותו הזמן שהיסוד הוא יבש, **ואיהי יבשה** המלכות הנקראת יבשה, היא יבשה כי לא מקבלת שפע מהיסוד, אז כאשר **צווחין בניו לתתא** מתפללים וצועקים בני ישראל, **ביחודא ואמרין** וביחוד שאומרים בני ישראל **שמע ישראל** שיבא ז"א הנקרא ישראל להתיחד עם נוקבא בשעת התפילה דעמידה, עם כל זאת **ואין קול** של התפילה או הקריאת שמע שעוזרים לזיווג דזו"ן **ואין עונה** ואין מי שיענה וימלא את הבקשות בתפילתם. **הדא הוא דכתיב** וזהו שכתוב - **אז בני ישראל יקראונני**

גמרא חגיגה די"א ע"ב

בני ישראל בעת צרתם בקריאת שמע ובתפילה, **ולא אענה** ואני לא אענה אותם בתפלתם, מפני שלא לומדים ומתעסקים בפנימיות התורה. **והכי מאן דגרים דאסתלק** וכל מי שגורם הסלקות פנימיות תורת **הקבלה וחכמתא מאורייתא דבעל פה ומאורייתא דבכתב** מהתורה שבעל פה והתורה שבכתב, **וגרים דלא ישתדלון בהון** וגורמים גם לאחרים שלא יתעסקו וילמדו את חכמת הקבלה, **ואמרין דלא אית אלא פשט באורייתא ובתלמודא** ואומרים שאין בתורה ובתלמוד אלא פשט התורה, בלי פנימיות הסוד, **בודאי כאלו הוא יסלק נביעו מההוא נהר** בודאי נחשב לו כאילו הוא מסתלק את נביעת שפע החכמה והבינה מן היסוד, **ומההוא גן** ומן הנוקבא הנקראת גן, **ווי ליה** לאותו יהודי **טב ליה דלא אתברי בעלמא** טוב לו שלא היה נברא, **ולא יוליף ההיא אורייתא דבכתב ואורייתא דבעל פה** ולא היה לומד תורה שבכתב ותורה שבעל פה, כי דינו כעם הארץ שלא למד כלל, ועוד **דאתחשב ליה כאילו אחזר עלמא לתהו ובהו** שנחשב לו כאילו החזיר את העולם לתהו ובהו, ר"ל לסוד שבירת הכלים לפי שמגביר הקליפות כאשר הנהר והגן יבשים, **וגרים עניותא בעלמא ואורך גלותא** וגורם עניות בעולם ומאריך את הגלות השכינה וביאת המשיח. עד כאן דברי הזוהר הקדוש. וכותב רב חיים ויטאל זלה"ה בהקדמה וז"ל - אמנם שעשועות של הקדוש ברוך הוא בתורה, והיותו בורא בה את העולמו, היתה בהיותו עוסק בתורה בבחינת הנשמה הפנימית שבה, הנקרא - רזי תורה, הנקרא מעשה מרכבה, **היא חכמת הקבלה** כנודע אל היודעים, וטעם הדבר הוא להיותו עולם האצילות העליון מאד, טוב ולא רע, דלא יכיל להתערבא עמיה קליפה, ועליה אתמר - וכבודי לאחר לא אתן, כנזכר בספר התיקונין דף ס"ו תיקון י"ח, וכן בספר הזוהר בפרשת בראשית דף כ"ח ע"א עיין שם. ולכן גם התורה אשר שם [**אח"י** - בעולם האצילות] איננה רק מופשטת מכל לבושי הגופנים, מה שאין כן למטה בעולם היצירה, עולם דמטטרו"ן, הנקרא עבד טוב, והוא הנקרא עץ הדעת טוב מסטרא, ומסטרא דסמא"ל שהוא קליפין דיליה, **נקרא עבד רע,** כי התורה אשר שם, הם שית סדרי משנה **הנקראים שפחה** כנזכר לעיל, וכנזכר בפרשת בראשית שם דף כ"ז ע"א. ולכן נקראת משנה, לפי ששם יש שינויים הפוכים **טוב מסטרא דעבד טוב,** היתר, כשר, טהור. **רע מסטרא דעבד רע,** איסור, טמא, פסול. גם הוא מלשון כי מרדכי היהודי משנה למלך, שהיה שפחה הנקרא עבד מלך, מלך גם נקרא מלשון שינה, כנזכר בפרשת פינחס דף רמ"ד ע"ב - קם זמנא תנינא ואמר, מארי מתניתין נשמתין ורוחין ונפשין דילכון אתערו כען ואעברו שינתא מניכון דאיהו, ודאי משנה אורח פשט, דהאי עלמא ואנא לא אתערנא בכו, אלא ברזין עילאין דעלמא דאתי דאתון בהון, לא ינום ולא ישן. וזה יובן במה שמבואר יותר למעלה שם - **ורבנן דמתניתין ואמוראי, כל תלמודא דלהון על רזין דאורייתא סדרו ליה.** ונמצא כי המשנה והש"ס הם הנקרא גופי תורה. והנה דבריהם כחלום בלי פתרון, **ורזיה וסתריה הפנימים הנקרא נשמת התורה, הם הם פתרון החלום הנפתר בהקיץ,** בסוד - אני ישנה ולבי ער, וכמו[9] שאמרו חכמים ז"ל - **במחשכים הושיבני כמתי עולם, זה תלמוד בבלי,** אשר איננו מאיר אלא על ידי ספר הזוהר, **הם הם רזי תורה וסתריה** אשר עליהם נאמר - ותורה אור. ואין ספק כי כמו שהיצר נקראת עבד ושפחה בערך האצילות, ונקרא קליפין ולבושין דחול, כנזכר בהקדמת ספר התיקונין ד"ג ע"ב וז"ל - וביומי דחול לביש עשר כתנות דמלאכיא דמשמשי לעשר ספירות דבריאה. ואם כן אין לתמוה כי התורה אשר שם שהיא המשנה, תהיה נקראת שפחה וקליפין דתורה דאצילות, וזה סוד כל הבשר חציר הנזכר

סנהדרין דכ"ד ע"א.

לעיל במאמר הראשון, כי כמו שהחטה שהיא בגימטריא כמנין כ"ב אותיות התורה, הגנוזה תוך כמה קליפין ולבושין שהם הסובין והמורסן והתבן והקש והעשב, הנקרא חציר, כן המשנה אצל סודות התורה נקרא חציר, וזה נרמז בספר הזוהר פרשת כי תצא ברעיא מהמנא דף רע"ה ע"ב - **אצל רבנן ווי לאינון דאכלין תבן דאורייתא, ולא ידעי בסתרי אורייתא, אלא קלין וחמורין דאורייתא, קלין אינון תבן דאורייתא, וחמורין אינון חטה דאורייתא, ח"ט ה' אלנא דטוב ורע וכו'**. ואלו באתי להרחיב דרוש זה לא יספיקו מאה קונטרסין בלי ספק בלי שום גוזמא, האמנם החכם עיניו בראשו כי דברי אמת אני אומר, ואל יתמה האדם בראותו ספר הזוהר איך קורא אל המשנה שפחה וקליפין, כי עסק המשנה כפי פשטיה, **אין ספק שהם לבושין וקליפין חיצונים בתכלית אצל סודות התורה הנגנזים**, ונרמזים בפנימיותה כי כל פשטיה הם בעולם הזה בדברים חומרים תחתונים..... על כן על כל בני ישראל לאכול מעץ החיים.

מֶה אהבתי תורתך כל היום היא שיחתי. ומבאר הרב ז"ל בהקדמה לשער המצות, כי עסק לימוד פנימיות התורה הוא חלק בלתי נפרד מתלמוד תורה, וז"ל - גם בענין עסק התורה שהיא אחת מרמ"ח מצות עשה, אם לא השלים אותה, **שהוא ענין עסקו בפרד"ס התורה**, שהוא ראשי תיבות **פשט רמז דרש סוד**, בכל בחינה מהם כפי אשר יוכל להשיג, **עד מקום שידו מגעת**, לטרוח ולעשות לו רב שילמדנו. ואם לא עשה כן, הרי חסר מצוה אחת של תלמוד תורה, שהיא גדולה ושקולה ככל המצות, וצריך **להתגלגל** עד שיטרח הארבעה בחינות של פרד"ס כנזכר. וכן מבאר הרב בית לחם יהודה בהקדמתו הקדושה, וז"ל - ומה מאד נמלצו [אִמְ]**רֵי** - מלשון מליצה] בזה דברי הנביא ירמיה)סימן כ"ב(באומרו - אל תבכו למת וכו'. שהוא מדבר עם הציבור המתקבצים להספיד על איזה צדיק הנפטר רח"ל, על שנחסר צדיק אחד מהמדור שהיה מנין בזכותו עליהם. וקאמר להו הנביא אל תבכו וכו', **לפי שרובם של צדיקים אינם זוכים לעסוק בכל ארבעה חלקי הפרד"ס, ואם כן מוכרחים הם לחזור ולבוא בגלגול כדי להשלים לימודם בארבעה חלקים**, כי אפילו הוא עסק בשלוש חלקי הפרד"ס, לא יצא ידי חובתו, ועליו נאמר הן כל אלה יפעל א"ל פעמים שלש עם גבר, להחזירו בגלגול. ואם כן הויא פסידא דהדרא. ואפשר שבו ביום שנפטר הוא חוזר ומתגלגל, כנזכר בזוהר ריש פרשת אמור, יעו"ש. ואם כן אין לכם פסידא כל כך. אמנם בכו בכו להלך, לאותו צדיק שכבר עסק בארבעה חלקי הפרד"ס. כי תיבת להלך היא חסר ו', ואם תחשוב תיבת להלך ארבעה פעמים עם ארבעה הכוללים, שהם כנגד ארבעה חלקי הפרד"ס, הם בגימטריא פרד"ס. **שזה הצדיק לא ישוב עוד וראה את ארץ מולדתו, כי על ארבעה לא אשיבנו**. שזהו פסידא דלא הדרא באמת, ונחסר לגמרי מן העולם הזה, עד כאן לשונו. ולכן חובה על כל אדם לעסוק בכל חלקי הפרד"ס, ובפרט בחלק הסוד, הנקרא פנימיות התורה, כמבואר בזוהר הקדוש פרשת נשא דף קכ"ד - **בהאי חבורא דילך דאיהו ספר הזוהר יפקון ביה מן גלותא ברחמי**, בזכות הלימוד בספר הזוהר הקדוש, יצאו בני ישראל מהגלות **ברחמים**. ועוד כל מי שחשקה נפשו ללמוד, אסור למנוע זאת ממנו, בסוד הפסוק[10] - אל תמנע טוב מבעליו, ועל כל אדם להיכנס לפרד"ס החיים.

10

משלי ג' כ"ז – אל תמנע טוב מבעליו בהיות לאל ידך לעשות.

אשרי האיש אשר לא הלך בעצת רשעים ובדרך חטאים לא עמד ובמושב לצים לא ישב. דע כי יהיו הרבה אנשים רשעים, שינסו למנוע מבני ישראל הקדושים ללמוד בכללות תורה, ובפרט את תורת הקבלה, מכל מיני סיבות ומניעות, והשטן מדבר מגרונם של אלו הרשעים. ואלו דברי קודשו של בעל שבט מוסר רבינו אליהו הכהן האתמרי זצלה"ה - ובהביטך בן אדם מה שעבר על אחרים למה תרדוף אתה אחר כל אלה הדברים הזרים, להשביע נפש מרורים ולמוסרה ביד צרים המה המקטרגים הצוררים, ולמה לא תחמול על נפשך ועל נועם תבנית צלם גופך למוסרו בידן ולהשליכו בתוך גחלי רתמים בטיט היון של גיהנם, להשחירו ולהתיכו כאשר ניתך הזפת בפני האש, אשר על כן תן עצה אתה, בנפשך **לברור בדרך החיים בעסק התורה והמצות**, וגם להצטער עצמך זמן קצוב הם חיי עולם הזה, כדי שתתענג זמן רב בלתי סוף ותכלית, ואל יעלה על דעתך כאשר עלה בדעת הרבה שנאבדו בידם באומרם כיון שמכיר אני בעצמי שאין בדעתי להבין ולהשכיל, איני עוסק בתורה, טועה הוא בדבר, שהרי הוא מחוייב לעשות מה שנצטוה לעשות, ואם יבין יבין, **שהרי והגית בו יומם ולילה כתיב** ולא כתיב ותבין בו, וכן תמצא בדברי התנא אם למדת תורה הרבה נותנין לך שכר הרבה, ואינו אומר אם הבנת הרבה, אלא למדת אמרו, ותשתדל להבין ואם תבין תבין, ואם לא שכר לימודך בידך, וכמאמר התנא לפום צערא אגרא, ומה גם שאמרו האדם איני לומד מפני שאיני מבין, **הוא פיתוי היצר**, יתמיד בלימודו וסוף הבינה לבא, שבראות קדוש ברוך הוא **חשקו בתורתו ודבקותו בה, פותח לו מעייני החכמה**, דכתיב - כי הוי"ה יתן חכמה מפיו דעת ותבונה. והנני מוסר לך דבר אשר תרדוף אחריה, ויהיה חיים לנפשך וענקים לגרגרותיך, **לעולם יהיה עיקר לימודך בדבר של תורה שליבך חפץ יותר**, אם בגמרא גמרא, ואם בדרוש דרוש, ואם ברמז רמז, **ואם בקבלה קבלה**, ורמז לדבר כי אם בתורת הוי"ה חפצו, כלומר תורת הוי"ה תלויה בדבר שלבו חפץ לעסוק, וכמו שמבאר האר"י זלה"ה בספר דרושי הנשמות והגלגולים פרק שלישי, וז"ל - יש בני אדם שכל חפצם ועסקם בפשטי התורה, ויש שעסקם בדרוש, ויש ברמז, ויש גם כן בגימטריות, **ויש בדרך האמת**, הכל כפי מה שעליו נתגלגל בפעם ההוא, כיון שהשלים פעם אחרת בשאר הענינים, אין צורך לו שבכל גלגול יעסוק בכולם, עד כאן לשונו. **ואל תביט ותשגיח לדברי המתנגדים על מה שחשקת לעסוק בתורה** בגמרא או בפשט או בדרוש וכו', באומרם לך למה אתה מוציא כל ימיך בפרט זה של תורה ולא בפרט זה, משום שעל מה שחשקת ללמוד, על דבר זה באת לעולם, ואם תשים דעתך לדבריהם, יכריחוך להתגלגל בזה העולם פעם אחרת ולעבור נפשך בחרב חדה של מלאך המות ולטעום טעם מיתה, ולכן לא תשמע לדברי המשחית נפשך, **כי דע שהשטן מתלבש באלו האנשים לדאוג ולהצטער ולהכאיב נפש הלומד ועוסק בתורה**, בחלק שֶׁאַוְתָה נפשו לעסוק, כדי להבדילו משם שלא ישלים נפשו, על מה שבא להשלימה, ולהכריחו גלגולים אחרים, וכשם שבדבר שחושק יותר האדם ללמוד, משם יבין שעל דבר זה נתגלגל להשלים, כך צריך האדם שידע שורש נשמתו ומהיכן נמשך ועל מה בא לתקן ולהשלים, כמו שאמר בזוהר שיר השירים על הגידה לי את שאהבה נפשי וכו'. **וכדי שיבין יראה באיזה מצוה תקיף יצרו יותר לבטלה יתחזק בה לקיימה, כי בוודאי על מצוה זו נתגלגל**, וכדי שלא ישלים חוקו מנגדו יצרו לבטלה להוציאו מן העולם בידיים ריקניות... ולכן לא תשמע לדברי רשעים אלו, אלא תשמע לדברי חיים.

חבר אני לכל אשר יראוך ולשמרי פקודיך. בסוף[11] עץ חיים מובא מספר כללים למהרח"ו, וז"ל - להאר"י זלה"ה. הרמב"ן וחבריו ודברי ראשונים כמו רבי נחוניא בן הקנה לא הזכירו רק עשר ספירות, ולא גילו עניני פרצוף כלל. **ודע שהרמב"ן והראשונים היו יודעים בפרצוף**, אלא שדברו בהעלם גדול, לרוב הגלות שלא ניתן רשות לגלות, ולהתפשט האורות הגדולים, מאחר שגברו הקליפות, וכל זר לא יאכל קדש. **אמנם בעקבות משיחא כמו בדורינו זה התחילו האורות להתפשט להיות כבראשונה**, כמו שהיה בזמן העולם מתוקן ולהתתקן מעט. ומתחלה היו האורות סתומים, היה העולם מקולקל, וכל מה שנתקלקל נסתם בגלות, ולא היו משיגין אלא עשר ספירות בסתום, בסוד הנקודות, כל אחד כלול מעשר, ובענין הפרצופים לא נתגלה להם כלל, לפי שמצאו בדברי הראשונים סתומים, ולא ידעו עומק הדברים, וחשבו שכך הוא ודברו בעשר ספירות כל אחד כלול מעשר ובחינות הרבה, ולפי שראיתי מי שחולק על דברים אלו לאמור שלא מצינו אלא עשר ספירות, ומהיכן יש לשלוט כח לאמור כמה פרצופים שנמצא יותר מעשר ספירות, ומספר רב והלא הראשונים כתבו בספר יצירה - עשר ולא תשע, עשר ולא י"א, לזה באתי לפתוח לך כחודא דמחטא, אולי תזכה להבין מקצת, וכולו לא תשורנו עין, וזהו. ובהקדמתו[12] הקדושה כותב הרב ז"ל - והנה אין בכל דור ודור שלא נמצאו בו אנשים יחידי סגולה ששרתה עליהם רוח הקודש, והיה אליהו הנביא ז"ל נגלה עליהם, **ומלמד אותם סתרי החכמה הזאת**, וכמו שנמצא כתוב בספרי המקובלים, גם בעל ספר הרקנטי כתב בפרשת נשא בפרשת ברכת כהנים..... ואנשי לבב שמעו לי, אל יהרסו אל הוי"ה, **לראות בספרי האחרונים הבנויים על פי השכל האנושי**, ושומע לי ישכון בטח ושאנן מפחד רעה. ולכן אני הכותב הצעיר חיים וויטאל, רציתי לזכות את הרבים **בהעלם נמרץ והמשכילים יבינו**, וקראתי שם החבור הזה על שמי **ספר עץ חיים**, וגם על שם החכמה הזאת העצומה, חכמת הזוהר, הנקרא עץ חיים, ולא עץ הדעת כנזכר לעיל, בעבור כי בחכמה הזאת טועמיה חיים זכו, ויזכו לארצות החיים הנצחיים, **ומעץ החיים הזה ממנו תאכל, ואכל וחי לעולם**. ואשכילך ואורך דרך זו תלך דע מן היום אשר מורי זלה"ה החל לגלות זאת החכמה, **לא זזה ידי מתוך ידו אפילו רגע אחד**, וכל אשר תמצא כתוב באיזה קונטריסים על שמו ז"ל, ויהיה מנגד מה שכתבתי בספר הזה, **טעות גמור הוא, כי לא הבינו דבריו, ואם יש בהם איזה תוספות שאינו חולק עם ספרינו זה, אל תשית לבך בקבע אליו, כי שום אחד מהשומעים את דברי קדשו, לא ירדו לעומק דבריו וכוונתו, ולא הבינום**, בלי שום ספק. ואם יעלה בדעתך לחשוב שתוכל לברור הטוב ולהניח הרע, אל בינתך אל תשען, כי אין הדברים האלו מסורים אל לב האדם כפי שכל אנושי, והסברא בהם סכנה עצומה, ויחשב בכלל קוצץ בנטיעות חס ושלום, לכן הזהרתיך ואל תסתכל בשום קונטרסים הנכתבים בשם מורי זלה"ה, זולתי במה שכתבנו לך בספר הזה, **ודי לך בהתראה זאת**, אלו הם דברי קודשו. ועלינו ללמוד אך ורק בתורת מורינו חיים.

אני קראתיך כי תענני אל הט אזנך לי שמע אמרתי. עוד כתב הרב ז"ל בהקדמתו תנאים כדי לזכות לחכמה הקדושה הזאת, וז"ל - אני הכותב משביע בשמו הגדול יתברך, לכל מי שיפלו

---

[11] ע"ח ח"ב דקי"ט ע"א.

[12] ע"ח ד"ד ע"ב.

הקונרטסים אלו לידו, שיקרא הקדמה זאת, ואם אותה נפשו לבוא בחדרת החכמה זאת, יקבל עליו לגמור ולקיים כל מה שאכתוב ויעיד עליו יוצר בראשית, שלא יבוא אליו היזק בגופו ונפשו, ובכל אשר לו, ולא לאחרים. תחת רודפו טוב והבא לטהר ולקרב. **ראשית הכל יראת הוי"ה, להשיג יראת העונש, כי יראת הרוממות, שהוא יראה הפנימית, לא ישיגוהו רק מתוך גדלות החכמה,** ועיקר מגמתו בידיעה הזה יהיה לבער קוצים מן הכרם, כי לכן נקראים העוסקים בחכמה הזאת מחצדי חקלא. **ובודאי שיתעוררו הקליפות נגדו לפתותו ולהחטיאו, לכן יזהר שלא לבוא לידי חטא אפילו שוגג,** שלא יהיה להם שיכות בו, לכן צריך ליזהר מהקלות, כי הקדוש ברוך הוא מדרדק עם הצדיקים כחוט השערה, לכן צריך לפרוש עצמו מבשר ויין כל ימות השבוע, **וצריך הזהרת סור מרע ועשה טוב,** ובקש שלום. בקש שלום צריך להיות רודף שלום, ולא להקפיד בביתו על דבר קטן וגדול, וכל שכן שלא יכעוס ח"ו.

וצריך להתרחק בתכלית הריחוק סור מרע.

א. ליזהר בכל דקדוקי מצות, ואפילו בדברי חכמים, שהם בכלל לא תסור.

ב. לתקן המעוות קודם שיבא לעולם הבא.

ג. יזהר מהכעס, אפילו בשעה שמוכיח את בניו, לא יכעוס כלל ועיקר.

ד. גם צריך ליזהר מהגאוה, ובפרט בענין הלכה, כי גדול כחה והגאוה, בזה עון פלילי.

ה. בכל צער שיבא לו, יפשפש במעשיו וישוב אל הוי"ה.

ו. גם יטבול בעת הצורך לו.

ז. גם יקדש את עצמו בתשמיש המטה שלא יהנה.

ח. שלא יעבור כל לילה ויחשוב בכל לילה מה שעשה ביום, ויתודה.

ט. גם ימעט בעסקיו ואם אין לו פרנסה כי אם על ידי משא ומתן, יכין יום שלישי ויום רביעי, מחצי היום ואילך, ובכוונה שהוא לעבודת קונו.

י. כל דבור שאינו של מצוה והכרחי, יהיה זהיר ממנו, ואפילו דבר מצוה ימנע בשעת התפלה.

ועשה טוב

א. לקום בחצי הלילה, ולעשות הסדר בשק ואפר ובכי גדול, ובכוונה כל אשר יוציא בשפתיו. ואחר כך יעסוק בתורה כל זמן שיוכל להיות בלי שינה, ובלבד שחצי שעה קודם עלות השחר יתעורר לעסוק בתורה.

ב. ילך לבית הכנסת קודם עלות השחר, קודם חיוב טלית ותפילין, להיזהר שיהיה מעשרה ראשונים.

ג. קודם שיכנס, ישים אל לבו מצות עשה ואהבת לרעך כמוך, ואחר כך יכנס.

ד. להשלים רמז צדיק בכל יום. שהוא צ' אמנים, ד' קדושות, י' קדישים, ק' ברכות.

ה. שלא להסיח דעתו מהתפילין בעת התפילה, זולת בעת העמידה ועסק התורה.

ו. צריך שיהיה עוסק בתורה, מעוטף בטלית ותפילין.

ז. לכוין בתפלה הכוונות, כמו שנבאר בע"ה.

ח. שישים תמיד נגד עיניו שם בן ארבעה אותיות הוי"ה, ויזדעזע ממנו, כמו שכתוב - שויתי הוי"ה לנגדי תמיד.

ט. שיכוין בכל הברכות, בפרט בברכת הנהנין.

11

י. צריך שיהיה עמל בתורה פרד"ס, שנאמר או יחזיק במעוזי, ואל יחשוב שיגלו לו רזי התורה בהיותו ריק, כדכתיב - יהב חכמתא לחכימין, וצריך ליזהר שלא יוציא בשפתיו בחכמה זו, מה שלא שמע מאדם שראוי לסמוך עליו, וכאזהרת רשב"י וחבריו. השגת החכמה תנאי הראשון, צריך למעט דבורו, ולשתוק, כל מה שיוכל כדי שלא להוציא שיחה בטילה, כמאמר רז"ל - סייג לחכמה שתיקה. גם תנאי אחר, על כל דבר תורה שלא תבינהו, תבכה עליו כל מה שתוכל. גם עלית הנשמה בלילה לעולם העליון, שלא תשוט בהבלי העולם, תלוי שתישן בבכיה. ומרת עצבות מגונה עד מאוד, ובפרט להשיג חכמה, והשגה אין לך דבר מונע השגה יותר מזה. גם בענין השגת האדם, אין לך דבר שמועיל כמו הטהרה והטבילה, שיהיה האדם טהור, בכל עת ומורי זלה"ה עם היות שהיה לו חולי השבר שהקור מזיק לו, עם כל זה לא היה מונע מלטבול בכל עת, עד כאן דברי קודשו. ועלינו לקיים את בקשת הרב ז"ל את הבחינות של[13] סור מרע ועשה טוב, כדי לטפס בעץ החיים.

מרן הרש"ש מעיד[14] על עצמו, וז"ל - וראיתי מה שכתבו מעלת כבוד תורתם, על ענין עבודת הוי"ה שקצרתי במקום שהיה ראוי להרחיב מעט הדיבור, אמת הוא כי לכתחילה קצרתי בו, **יען ראיתי כמה מהנזק יצא ממה שכתבו בזה המקובלים שקדמו, כי רבים חללים הפילו, וחלול כבוד הוי"ה, וכבוד התורה. הוי"ה יכפר בעדם, כי כל דבריהם לא על פי התורה הם, ואינם מיוסדים על האמת, ומהם יצאו אבות, ומאבות תולדות הריסת יסודי התורה ח"ו, הוי"ה יכפר. וכל זה לא שלמדתי בדבריהם ח"ו**, אלא שפעם אחת הוכרחתי בעל כרחי לעיין בדף אחד שכתוב בו קצור מה שכתבו בענין זה, **וכמעט שקרעתי בגדי לראות דברים אשר לא כן על הוי"ה.** הוי"ה יכפר, וכבר מילתי אמורה להם, **כי עידי בשמים כי כל עסקי ולמודי, אינו רק בדברי האר"י זלה"ה, ותלמידו מהרח"ו ז"ל לבדם, ובלעדם אין לי עסק בשום ספר מספרי המקובלים ראשונים ואחרונים, ואפילו בדברי שאר תלמידי האר"י ז"ל לא למדתי, וכשיזדמן לפני דבר מדבריהם, אני מדלגו.** כי על כן איני כמזהיר, אלא כמזכיר, למען הוי"ה אל יהי לכם מגע יד בדבריהם, ובפרט בענין זה, השמרו לכם פן יפתה לבבכם, **אלא כל לימודם לא יהיה אלא בעץ חיים ובספר מבוא שערים ובשמונה שערים המפורסמים,** שכולם דברי אלהי"ם חיים. ואני קצרתי בענין זה כל מה שאפשר, כי יראתי פן יפלו דפים אלו ביד מי שעדיין לא למד דברי האר"י ז"ל כראוי, **ויחשידני שלמדתי בספרים אחרים, ולא כן הוא כאמור,** ולכן קצרתי בו, ופיזרתי בהקדמה, עד כאן דברי קודשו של מרן הרש"ש. ואנחנו תפילה שיתגלה משיח צדיקנו במהרה בימינו, ומלאה[15] הארץ דעה את הוי"ה כמים לים מכסים, דעת תורת החיים.

13

תהלים ל"ד ט"ו – סור מרע ועשה טוב בקש שלום ורדפהו.

14

נהר שלום דף ל"ד ע"א.

15

ישעיהו י"א ט' – לא ירעו ולא ישחיתו בכל הר קדשי כי מלאה הארץ דעה את הוי"ה כמים לים מכסים.

כתב רבינו גאון הקבלה רבי אליהו מני, רבו של הרי"ח הטוב, רבי יוסף חיים בעל הספר "בן איש חי", בספרו הקדוש **כסא אליהו** כי על הלומד ללמוד כל מאמר ומאמר ארבעה חמשה פעמים בלי המפרשים, וינסה להבין את המאמר בעצמו. ואחר כך ילך לראות אם כיוון לדעת המפרשים.

וכן אני הקטן מבקש בכל לשון של בקשה, ללמוד את הדרוש כמו שהוא מובא בספר עץ חיים, ארבעה חמישה פעמים, כדי לנסות להבין את הדרוש. וכל דרוש מובא בתחילת הספר במלואו.

אחר כך יכנס ללמוד את הדרוש עם ביאור הדברים, עוד ארבעה חמישה פעמים, ואחר כך יראה את המקורות להגהות, ודברי רבותינו הקדושים, עם התרשימים וטבלאות.

ואז יעלה ויצליח בלימוד תורת האר"י הח"י.

כתב רבינו ה**שד"ה** רבי שאול דוויק הכהן, בהקדמת ספרו איפה שלימה, על אוצרות חיים וז"ל - וכדי שיוכל לעלות לימודו למעלה, ריח ניחוח לה'. קודם כל לימוד ימסור עצמו על קדושת ה', כי זה מועיל מאוד, כמו שכתוב בשער הכוונות דף כ"ד ע"ב, כי עתה בזמנינו בעונותינו הרבים אין יכולת לעשות זווג כתיקונו למעלה, ולסיבה זו הקץ מתארך וכו'. אמנם עם כל זה יש קצת תיקון במה שנמסור נפשינו על קידוש ה' בכל הלב, כי על ידי כן אפילו אין בנו שום מעשים טובים, והרשענו עד להפליא. הנה על ידי מסירת נפשינו להריגה, מתכפרים עונותינו כולם, ויש בנו יכולת לעלות עד אימא עילאה, כמו שאמרו חז"ל - גדולה תשובה שמגעת עד כסא הכבוד, שנאמר - שובה ישראל עד ה' וכו', עד כאן דבריו.

וזה הסדר

יקבל עליו ארבע מיתות בית דין, מארבעה אותיות הוי"ה וארבעה אותיות אדנ"י, וליחדם על ידי ארבעה אותיות אהי"ה ועל ידי עסמ"ב

יוד הי ויו הי	וליחדם על ידי א	א	י	סקילה
יוד הי ואו הי	וליחדם על ידי ה	ד	ה	שרפה
יוד הא ואו הא	וליחדם על ידי י	נ	ו	הרג
יוד הה וו הה	וליחדם על ידי ה	י	ה	וחנק

לְשֵׁם יִחוּד

קֻדְשָׁא בְּרִיךְ הוּא וּשְׁכִינְתֵּהּ

יאהדונהי

בִּדְחִילוּ וּרְחִימוּ　　　וּרְחִימוּ וּדְחִילוּ

יאהדויהה　　　איההיוהה

לְיַחֲדָא אוֹתִיּוֹת י"ה בּו"ה, בְּיִחוּדָא שְׁלִים

יהו"ה

בְּשֵׁם כָּל יִשְׂרָאֵל, לְאַקָמָא שְׁכִינְתָּא מֵעַפְרָא, הָרֵינִי לוֹמֵד בַּסֵּפֶר קַבָּלָה פְּלוֹנִי שֶׁהוּא כְּנֶגֶד תִּפְאֶרֶת דז"א בְּעוֹלָם הָאֲצִילוּת שֶׁבּוֹ שֵׁם מ"ה כְּזֶה יו"ד ה"א וָא"ו ה"א לַעֲשׂוֹת מֶרְכָּבָה. וִיהִי רָצוֹן מִלְפָנֶיךָ ה' אֱלֹהֵינוּ וֵאלֹהֵי אֲבוֹתֵינוּ שֶׁתִּזְכֵּךְ רוּחֵנוּ וְנַפְשֵׁינוּ שֶׁיִּהְיוּ רְאוּיִים לְעוֹרֵר מַיִן תַּתָּאִין עַל יְדֵי קְרִיאַת סֵפֶר הַקַּבָּלָה הַזֹּאת. וִיהִי נֹעַם יהוה אֱלֹהֵינוּ עָלֵינוּ וּמַעֲשֵׂה יָדֵינוּ כּוֹנְנָה עָלֵינוּ וּמַעֲשֵׂה יָדֵינוּ כּוֹנְנֵהוּ.

בָּרוּךְ ה' לְעוֹלָם אָמֵן וְאָמֵן, נֶצַח, סֶלָה, וָעֶד.

שער ד' פרק ג'

הנה אחר שדברנו בפרק העבר איך נאצל מציאות נר"ן מאח"פ הנה עתה נבאר מציאות הכלים שלהם שהם בחי' גוף אליהם. אמנם כבר בארנו כי מבחי' הראיה עצמה נעשה נשמה לנשמה אך אין הראייה סוד הבל הנמשך למטה כמו אח"פ. והטעם כי נר"ן שהם אורות אח"פ הם מתפשטים למטה אבל הנשמה לנשמה שהוא הסתכלות העין אינה מתפשטת רק נשארת במקומה בסוד או"מ כנ"ל ואין בה זולתי הסתכלות דק מאד והוא סוד הראייה והסתכלות אכן אינו דומה כמו הבל אח"פ אשר עצמותו נמשך למטה. לכן מסוד ראייה זו נעשה ל' כלים שהוא הגוף י' כלים להבל האזן הנקרא נשמה ו' כלים להבל החוטם הנקרא רוח ו' כלים להבל הפה הנקרא נפש אבל הבל ההבל עצמו שהוא האור הפנימי אי אפשר להתפשט למטה לפי שבחי' הראייה נמשך מהעינים שהם יותר עליונים מכולם לכן בראייה זו לבדה יצאו הכלים משא"כ מאח"פ כי לא היה אפשר להאציל מהם שום מציאות אם לא מהבל היוצא מהם ממש. ואמנם הסתכלות זו הוא כך כי נמשכה הראייה זו בנר"ן הנ"ל ומחמת הסתכלות הזה בהם נעשה שרשי הכלים. וזהו וירא אלהים את האור כי טוב ויבדל כי נסתכל המאציל הנקרא אלהים שהוא א"ק באור הנפש הנקרא את. כי המלכות נקרא א"ת. וז"ס הנפש הנעשה מהבל הפה [שהוא עקודים] אמנם הר"ן נקראים אור א"ת האור הוא הנפש עם נשמה ורוח. וכאשר הסתכל המאציל וראה בנפש הנקרא את (עם האור ל"ג(אז יצאו שרשי הכלים. וזהו ויבדל כי סוד הגוף)הוא מובדל ועושה הבדלה ל"ג) שהוא הכלי הוא הנותן ועושה הבדלה וגבול וקצבה אל האורות. ואמנם בסוד ראייה זו יש אור ישר ואור חוזר כי מתחלה נמשך הראייה עד סוף בחי' עשירית של הנפש ואח"כ בחזרה למעלה היה מבדיל ונעשה בחי' הכלים)ועושה בה ל"ג(ומלביש את הנפש בכל חלקיה. ואמנם זה האור הישר היה בו כח לעשות כלים בסוד הראש שהם ג"ר עכ"ז לא היה יכול להיות ניכר עד שפגע ראייה זו בנפש עצמו ובהפגעה שם)היה עושה ל"ג(הנה נגמר עשית הגוף אל הראש שהם ג"ר. אך כלים אל הגוף שהם ז"ת עדיין לא היה כח בראייה זו עד שתפגע בנפש הנפש עצמה וע"י הסתלקות ב' מלמטה למעלה שהם אור העקודים ואור העין היה האור חוזר ומלביש את ז"ת.

ונחזור עתה לבאר לבחי' נשמה הנה הנה כבר בארנו כי הנשמה מן האזן שהיא בינה. והנה שמיעה גימטריא תכ"ה ר"ה הנשמ"ה תהל"ל יה כי מן האזן סוד הנשמה והנה אזן גימט' נ"ח והענין כי כבר בארנו כי יש בינה ותבונה בינה אהי"ה דיודין אל"ף ה"י יו"ד ה"י ותבונה היא שם ס"ג עכ"ז ודאי כי גבוה מעל גבוה שומר כי יש ס"ג הכולל בינה ותבונה למעלה מאהיה דיודי"ן הנ"ל. אשר משם ס"ג זה ולמטה)נ"א ימשכו למטה(בינה אחרת של אהי"ה דיודי"ן ותבונה בשם ס"ג. וכ"ז)נ"א למטה(משם ס"ג העליון כנ"ל. ונדבר עתה במציאות שם ס"ג זה אשר עם היותו למטה)נ"א למעלה(מאהי"ה דיודי"ן הוא כולל בינה ותבונה. ודע שיש חילוק בין בינה ותבונה ללאה ורחל כי הלא או"א כחדא נפקין ושריין וא"כ הוא מוכרח כי

החו"ב יהיו שוין בקומתן נמצא כי התבונה אינה מתחלת אחר סיום בינה רק יוצאת מהחזה של בינה עצמה כמו רחל היוצאת מהחזה דז"א גם התבונה יוצאת מחזה דבינה כי הבינה ארוכה בכל שיעור החכמה משא"כ למטה כי לאה מסתיימת בחזה דז"א ומשם מתחלת רחל נמצא עתה כי כמו שז"א הוא סוד יה"ו שהם חו"ב שלו י"ה והגוף ת"ת שלו הוא ו' הרי כי ז"א הוא יה"ו ואח"כ המלכות נמשכת מקצה הת"ת שלו שהוא בנה"י שלו ושם הוא סוד ה' אחרונה שבשם שהיא ה' הבחי' ד' שלו כנודע כן התבונה אות ד' של הבינה והיא ה' אחרונה שבשם כי גם היא אין בה רק כללות נה"י דבינה אשר שם הוא ה' אחרונה נמצא כי יה"ו הוא ראש והגוף של הבינה ותבונה היא ה' אחרונה של ס"ג שנאחזת בנה"י דבינה.

והנה נמצא כי שם ס"ג שכולל בינה ותבונה הנה אותיות יו"ד ה"ה וא"ו הם בבינה ואות ה"י אחרונה היא בתבונה. וגם דע כלל אחר כי כפי האמת בענין הכמות כ"כ גדול שיעור מהחזה ולמטה כמן החזה ולמעלה א"כ היה ראוי שתבונה תהיה מחצית הבינה אבל בענין האיכות אינה רק רביעית שהרי ג' אותיות יה"ו מהחזה ולמעלה ואות ה"י אחרונה הוא מהחזה ולמטה נמצא עתה כי יש ב' בחי'. כי בערך האיכות נמצא התבונה היא רביעית של בינה ובערך הכמות היא מחצית של בינה. גם יש מציאות אחר ג' והוא שכמו שלפעמים עולה רחל להיות בכל פרצוף ז"א כך זאת התבונה היא שוה בארכה כמו הבינה עצמה ומתלבשת בינה בתבונה והם שוות הרי שלשה מציאות או שוה כמו הבינה או מחציתה או רביעית.

והנה התבונה מתפשטת בז"א שהיא מן האזן אל החוטם. וכבר ביארנו שתבונה היא ה' אחרונה שבס"ג ושיעור סוד התבונה שלשה ההי"ן שהם ה"י אחרונה דס"ג וה"י גימ' ג' ההי"ן כמנין ה"י וה הג' מהג' ההי"ן אלו מתפשטת בז"א. והענין כי הנה נה"י דתבונה מתפשטת בז"א ונה"י הם שליש גופא כי הם ג' חלקים כח"ב חג"ת נה"י. והנה נה"י הוא שליש של התבונה שהיא ה' ג' מג' ההי"ן הנ"ל נתפשטה בז"א ונשאר למעלה ב' ההי"ן ומה שהיתה תחלה ה"י במילוי יו"ד עתה נחלק המלוי לב' ההי"ן. ונשאר חצי למעלה וחצי למטה ונשאר שם של ס"ג למעלה שלם. רק שה' אחרונה מלאה ה"ה כזה יו"ד ה"ה וא"ו ה"ה. אמנם סוד ה' הג' הם ג' קוים נה"י שצורתה כזה ה' המתפשטים בז"א וז"ס ה"ה שיש בנוקבא דפרדשק' שירדה מן האזן אל ז"א שהוא החוטם. והנה ענין ה' זו שירדה היא בחינתה ס"ג לפי שה' זו מתפשטת בו"ק דז"א שהם כהב"ד ח"ג הרי ו' ספי' וצורת ה' זו הוא ד' שהם גימטריא י' הרי יפ"ו גימטריא ס' ועוד לוקחת יסוד שלה שליש שליש של הת"ת דז"א עד החזה ושיעור שליש מן י' הוא ג' הרי בין הכל ס"ג הרי מבואר ה' זו שהיא מתפשטת בז"א היא מציאות ס"ג עצמו. ולעולם יהא בידך זה הכלל כי לעולם בדבר רוחני כאשר עולה או יורד למטה נשארה הבחי' שלימה במקום' ואין שום דבר נגרע למעלה וגם למטה יש לה כל הבחי' עצמה וכמ"ש בע"ה. והרי כי אות ה' זו שירדה למטה עשתה מציאות התפשטות של ס"ג למטה כנ"ל לכן יש בז"א דהיינו חוטם שם של מ"ה שיש בו ג' אלפי"ן שהם ג' אהי"ה שהם גימ' ס"ג. גם דע כי הלא ה' זו צורתה ד"ו כנודע כי הלא תבונה זו התפשטותה בו"ק דז"א כנ"ל וכנגד הד' של ה' יצאה מכח זאת התבונה לאה מאחורי ז"א סוד ד' קשר של תפילין וכנגד ו"ס של הז"א. הרי כי ה' זו עשתה סוד ו' וסוד ד' שהיא לאה שהיא ד'

אחורי ו' שהם ו"ס ראשונים דז"א. אמנם בסוף ו' שבתוך הד' יש פסיעה לבר ואותו הפסיעה הוא כנגד אותו שליש של הת"ת הרי ו' עם הפסיעה לבר הם ס"ג שהם ו"ס כחב"ד ח"ג הרי ו'. ושליש ת"ת עד החזה הוא הפסיעה לבר. הנה כשתסיר ה' זו משם ס"ג ישאר למעלה יו"ד ה"י וא"ו ה"ה גימטריא נ"ח גימ' אז"ן.

 פרק ג' [16]

דרוש זה מקורו מספר הדרושים וצריך לכתוב מ"ק בראש הדרוש.

בפרק זה הוא פרק חשוב מאוד, ויש בו הרבה חידושים ופרטים חשובים שלא כתובים בשום מקום.

הנה [17] [18] אזור שדברנו בפרק העבר, איך נאצל מציאות נ"ר מאוז"פ שהם אורות אח"פ [19], **הנה עתה נבאר מציאות הכלים שלהם** למעשה כבר הרב ז"ל כתב על

16

השמש [א] – כתב הרח"ו ז"ל שדרוש זה הוא מזולתו משם הרב ז"ל.
כלל – שהוא מאוד חשוב שהרב ז"ל כותב בעץ חיים בהקדמה, בכל מקום שהרב כותב – **שמעתי ממרי זלה"ה**, הכוונה היא שרבי חיים ויטאל שמע בעצמו מהרב האר"י זלה"ה. ובכל מקום שרבי חיים ויטאל כותב – **שמעתי מפי מורי זלה"ה**, הכוונה שהרב שמע מהתלמידים האחרים שהיו לרב. ומה הנפקא מינה לנו מכל זה, התשובה היא כי בכל מקום שבכל מקום שהרב ז"ל כתב בשם החברים, אנו לא סומכים על דברי החברים בכל מקום, אם דברי החברים לא סותרים את דברי הרב, ויש בהם פרטים שהרב לא מזכיר, יש לסמוך עליהם. ואם דבריהם סותרים את דברי הרב, אנו לא חשים לדברי התלמידים.
בהגהת הרש"ש כאן, כתב הרש"ש שהגהה זאת מזולתו משם הרב, כלומר לא סומכים על הדרוש הזה. הבעיה שמתעוררת היא, שלא ידוע מהיכן לקח הרש"ש שדרוש זה מזולתו. ולא זאת בלבד אלא בשער הקדמות דרוש זה מופיע, עם באור והוא מדברי הרב חיים ויטאל בעצמו, כמו שכתוב בהגהות וביאורים אות ה' בדרוש זה. דעת הרב בית לחם יהודה היא, כי דרוש זה הוא מרבי גדליה הלוי, כמו שהוא מביא בהגהה שלו למטה.
ע"ח הקדמה לרב חיים ויטאל, ד"ו ע"א – להרח"ו דע כי קצת מחברינו כתבו להם ספרים מה ששמעו ממורי זלה"ה, וזולתו על שמו, וכולם כתבו הדברים בתוספת וגרעון, כפי בחינת הכותבים וידיעתן והבנתן, הניחו מקום למה קושיות, לכן אין לסמוך על אותן הספרים וצריך להרחיק מהם. ודע כי כל מה שכתבתי כאן הכל **שמעתי ממורי זלה"ה**, לכן כתבתי הכל בחיבור אחד לבד, ומה ששמעתי מהחברים משם מורי זלה"ה, מה שדרש וגילה להם, קודם שלמדתי עמו הכל כתבתי גם כן לבדו, ועל שם אמרו **מפי מורי זלה"ה.**

17

הגהות וביאורים [ה] – עיין שער הקדמות דף ל"א דרוש ב' מדרוש א"ק, שהביא רבינו דרוש זה בתוספת באור והוא דברי עצמו, והלשון יותר מתוקן שם, ועיין עוד שם בדרוש ג' בענין האוזן, שמן ששון.

18

יפה שעה [א] – והנה אחר שביארנו בפרק שעבר וכו'. הנה עתה נבאר מציאות הכלים שבהם, שהוא בחינת הגוף שעלהם וכו'. הנה מתבאר כי כל אלו הכלים שכתב רז"ל לא נעשו אלא באורות הפה המתפשטים עד הטבור דא"ק, כדדריש קרא את האור כי טוב ויבדל. והנה האור שמתפשט מן הפה דא"ק עד הטבור שלו, אינו אלא עולם העקודים. ואף על גב ששם בשער העקודים כתב רז"ל שהשכל אינו אלא כלי אחד ובו עשרה אורות עקודים בתוכו, מלשון ויעקוד את יצחק בנו, וכאן הוא אומר שהם עשרה כלים. ועוד לעיל פרק ב' פרט עד ל' כלים. כל זה לא קשה מידי, כי כולם קשורים ומדובקים זה בזה, עד שכולם אלא כלי אחד. אמנם זו היא שק' שמכל דרושים אלו מתבאר שהכלי של העקודים נעשה על ידי ההסתכלות אור העינים באורות אח"פ, ולקמן בכל שער העקודים העמיק והרחיב רז"ל לבאר אופן עשיית כלי העקודים, ואור ההסתכלות לא הוזכר כלל [אטו תנא כרוכלא ליתני וליזול, ועניות במקום אחד, ועשירות במקום אחר, וזה וזה גורם לעשות כלי העקודים. שמן ששון], ויותר מה מאד קשה שלפי המתבאר לקמן בשער הנקודים, נראה שאור הסתכלות לא יצא אלא אחר גמר שנתקן עולם העקודים. וזה לשונו שם בפרק ב'. וכבר נתבאר כי כאשר רצה המאציל להאציל בחינת הנקודות וכו', ולכן מה עשה א"ק טרם שהוציא אלו האורות אלו דרך העינים. צמצם עצמו צמצום

מציאות הכלים דאח"פ בדרוש לרבי גדליה הלוי, כאן הרב מסכם את הסוגיה, **שהם בבזיונת גוף** והם הכלים[20] **אליהם** אל אורות האח"פ. **אמנם כבר בארנו כי מבזיונת הראיה עצמה, נעשה נשמה לנשמה** שהיא בחינת חיה, **אך אין הראייה** שהוא האור היוצא מהעינים **סוד ההבל** אלא רק בחינת הסתכלות, שהיא מלכות דהבל דהעין, **הנמשך למטה כמו אזו"פ. והטעם כי נר"ן שהם אורות אזו"פ הם מתפשטים למטה** ההבל האוזן עד שבולת הזקן, הבל החוטם עד החזה, והבל הפה עד הטבור, **אבל הנשמה לנשמה** שהיא חיה, **שהוא הסתכלות העין, אינה מתפשטת** כמו אח"פ, **רק נשארת במקומה** עצמותה **בסוד אור מקיף כנ"ל[21], ואין בה זולתי הסתכלות דק מאד** שהוא בחינת עשירית ההבל, **והוא סוד הראייה והסתכלות, אכן אינו דומה** הסתכלות העין **כמו הבל אזו"פ, אשר עצמותו** של אורות אח"פ **נמשך למטה. לכן[22] בסוד ראייה זו** שהיא הארה מועטת **נעשה**

אחר וכו', אז נתרבה אור גדול ורב בחצי העליון של הגוף, יע"ש. כל הפרק כולו באופן כדי להוציא אור העינים דא"ק לחוץ, היה שם פרסא וצמצום. ועליית האורות למעלה בבחינת מ"ן וזווג. וכל זה אחר שנגמר עולם העקודים כמו שכתב רז"ל בפרק ה' דשער העקודים, זה לשונו - וכן במלכות של עקודים יש עשרה, והם שרשים אל עשר ספירות הנקודים. וכיון דמלכות דעולם הנקודים נעשה שורש אל עולם הנקודים, ודאי שעולם העקודים נגמר קודם יציאת עולם הנקודים. וכן לקמן בשער טנת"א במ"ב כתב רז"ל - והנה רצה להוציא גם כן מ"ה וב"ן הפנימים שלו לחוץ, ואז עלו כל בחינות ס"ג הפנימים וכו', יע"ש. ותראה מפורש שכדי להוציא עולם הנקודים שהם אורות העינים היה שם כל אלו העניינים של צמצום ופרסא, ועליית מ"ן וזווג, מה שלו היה כן כלל בהוציאו אורות אח"פ לחוץ. ואם כן איך מאור הסתכלות העינים נעשה הכלי דעקודים, ואני בעניי מסתפינא למימר מה שלא שמעתי וקבלתי, וצ"ע. (ונראה לעניות דעתי לא קשיא, דכל אותם אורות שנתבאר בשער הנקודים פרק ב' שיצאו דרך העינים, וכן ההסתכלות חוזר דרך עינים דא"ק, ושואב מאורות אח"פ לצורך עשית הכלים דנקודים. אמנם מבחינת אור עצמות העינים הנקרא בשם חכמה, יו"ד שבשם, אשר הוא אור מקיף, כנזכר בפרקין, אין יכולת בתחתונים לקבל. זולת מאיר ממקומו, ומשם נעשה הכלי דאח"פ, וזהו מעלת אח"פ על הנקודים, והיה מספיק בזה ולא היה צורך לא בצמצום, ולא בפרסא, **ודי בזה.** שמן ששון)
19

הרב ז"ל לא ידבר על אור העין הנקרא ע"ב דע"ב שס"ג, או על אור הגולגולתא שהוא אור נעלם בבחינת שורש. ורק ידבר על אורות האח"פ.
אור האוזן נקרא ס"ג דע"ב דס"ג.
אור החוטם נקרא מ"ה דע"ב דס"ג.
אור הפה נקרא ב"ן דע"ב דס"ג.
תרשים ג – א.
20

כלל – כאשר הרב ז"ל כותב גוף או כלים, מדובר על אותה בחינה.
21

תרשים א – ב.
22

בית לחם יהודה ש"ד פ"ג - לכן מסוד ראיה זו נעשים למ"ד כלים. עיין בהגהות השמ"ש ז"ל, שכתב וזה לשונו - כתב מהרח"ו ז"ל שדרוש זה הוא מזולתו משם הרב ז"ל עכ"ל. ונראה שהוא להרב גדליה ז"ל, דהא בפרק א' דלעיל נמי ס"ל שהם למ"ד כלים, ואלו לסברת מהרח"ו ז"ל ליכא, כי אם יו"ד כלים לאורות הפה בלבד, כמבואר בפרק א' דשער טנת"א, ובשער הקדמות די"א ע"ד, ודי"ב ע"א, וע"ב, דכתב התם שבחינת

ל' **כלים**[23] כי אם היתה הארה חזקה, לא היה אפשר לעשות כלים **שהוא הגוף**, ונעשו י' **כלים לַהֲבֵל האֹזֶן, הַנִּקְרָא נְשָׁמה.** וי' **כלים** נעשו **להבל הַחֹטֶם, הַנִּקְרָא רוּח.** וי' **כלים** נעשו **להבל הַפֶּה, הַנִּקְרָא נֶפֶשׁ.** **אבל**[25] **הַהֶבֶל עַצְמוֹ** של העין, והכוונה לכל הבל העין לא רק לעשירית ההבל[26], **שֶׁהוּא**[27] **הָאוֹר הַפְּנִימִי, אִי אֶפְשָׁר לְהִתְפַּשֵּׁט לְמַטָּה** כמו אח"פ, **לְפִי שֶׁבְּחִינַת הָרְאִיָּה נִמְשָׁךְ מֵהָעֵינַיִם, שֶׁהֵם יוֹתֵר עֶלְיוֹנִים מִכּוּלָם** ולאו דווקא מכולם, כי אורות הקרקפתא הם גדולים מאורות העינים, **לָכֵן בְּרָאִיָּה זוֹ לְבַדָּהּ יָצְאוּ הַכֵּלִים** על ידי שמכה אור והסתכלות באורות האח"פ[28], **מַה שֶׁאֵין כֵּן מֵאֹזֶן אַף פֶּה, כִּי לֹא הָיָה אֶפְשָׁר לְהַאֲצִיל מֵהֶם שׁוּם** [די"ט ע"א 37] **מְצִיאוּת, אִם לֹא מֵהַהֶבֶל** כלומר שעור קומה שלם של אותו הבל **הַיּוֹצֵא מֵהֶם מַמָּשׁ**[29] מאח"פ. **וְאָמְנָם הַהִסְתַּכְּלוּת זוֹ הוּא כָּךְ, כִּי**

הכלים התחילו מעוקדים ולמטה, ולא מאזן וחוטם ועי"ש. ולא זו בלבד, אלא שמבואר נמי התם שכלים דעקודים לא נעשו מהסתכלות העינים באח"ף, אלא הם נעשו מבחינת אור פנימי ואור מקיף דהפה דא"ק, אבל מה שנעשה כלים מהסתכלות העינים הם כלים דנקודים, ולא כלים דעקודים וכמו שהקשה הרב יפה שעה בפרקין, יעו"ש, ובמה שכתב השמ"ש ז"ל שדרוש זה הוא לזולתו תו לא קשיא מדי.
23

למדנו שנעשו שורשי כלים, ולא כלים ממש.
ע"ח ש"ד פ"א די"ח ע"ב - ואז כשראה את הנפש, אז ויבדל אלהי"ם, שהוא עשיית **שרשי הכלים**, והסתכלות זה בדרך ישר עשה רושם)נ"א ראשים(בכל בחינה ובחינה.
24

הגהות וביאורים)ו(- עיין תו"ח דקמ"ט ע"א.
25

בית לחם יהודה ש"ד פ"ג - אבל ההבל עצמו. של העין.
26

דברי שלום דל"ג ע"ד)בחדש דכ"ט ע"א(- וי"ל דאור העין עצמו ודאי שהוא גדול, שהוא אור החכמה, אבל אור זה של הנקודים אינו אור החכמה, אלא אור העולה מפנימיות א"ק כדי לצאת לחוץ לצורך הנוקבא, והוא יוצא דרך העינים, ואור זה הוא קטן מאורות אח"פ, שזה טעמים וזה נקודות, ויען שהוא קטן בסוד נוקבא לבד, אינו יוצא הכל דרך נקב כמו אח"פ, לפי שאין בו הבל, אלא אורו מועט כמו אור הסתכלות העין, ולכך יצא דרך העינים בדרך הסתכלות, ובזה נמצא טוב טעם דלמה נרמזת חכמה שהיא גדולה מכל הספירות, באות יו"ד שהיא קטנה מכל האותיות, אבל עם הנ"ל א"ש דכיון שהיא גדולה כל כך לא נתגלית, לפי שאין כח במקבלים לקבל אורה והקטינה עצמה לצורך המקבלים.
כלל – כל מקום שהרב ז"ל מזכיר **נקודה**, הכוונה לספירת המלכות.
27

בית לחם יהודה ש"ד פ"ג – שהוא האור הפנימי. כן הגירסה בע"ח כתב יד.
28

הכאה זאת היא בחינת זיווג, שעושה את הכלים. וצריך לדעת כי אם אור העין היה יוצא כולו, כלומר בכל שעור קומתו של י"ס, ולא רק הארה ממנו, שהיא בחינת המלכות, היו אורות האח"פ מתבטלים באור העין. כמו אור הנר שמתבטל בצהרים.
גמרא חולין ד"ס ע"ב - מאי רבותיה דשרגא בטיהרא מאי אהני)מה מועיל נר בצהרים(.
כלל – הארה היא בחינת מלכות של אותו שעור קומה.
29

נִמְשְׁכָה הָרְאִיָּיה זוֹ שֶׁהִיא בְּחִינַת הֶאָרַת אוֹר הַחַיָּה, שֶׁהוּא אוֹר מַקִּיף, וְהוּא הַזָּכָר **בְּנָרָ"ן הַנַּ"ל** שֶׁהוּא אוֹר פְּנִימִי, שֶׁהוּא הַנְּקֵבָה, **וּמֵזוּזִמַת הַסְתַּכְּלוּת** אוֹר הַמַּקִּיף הַזֶּה **בָּהֶם** בָּאוֹר הַפְּנִימִי **נַעֲשָׂה** עַ"י הַכָּאָה **שָׁרְשֵׁי הַכֵּלִים** שֶׁהֵם הַתּוֹלָדָה שֶׁל זִיּוּוג זֶה. **וְזֶהוּ** סוֹד הַפָּסוּק **וַיַּרְא אֱלֹהִים אֶת הָאוֹר כִּי טוֹב וַיַּבְדֵּל**, כִּי נִסְתַּכֵּל בְּאוֹר הָעַיִן **הַמַּאֲצִיל הַנִּקְרָא אֱלֹהִים**, שֶׁהוּא א"ק בְּעֵרֶךְ הָא"ס הַנִּקְרָא הוי"ה, **בְּאוֹר הַנֶּפֶשׁ הַנִּקְרָא אֶת** שֶׁהִיא הַמַּלְכוּת. **כִּי הַמַּלְכוּת נִקְרָא א"ת. וְזֶה סוֹד הַנֶּפֶשׁ הַנַּעֲשָׂה מֵהֶבֶל הַפֶּה** [צ"ל שֶׁהוּא עֲקוּדִים]. הַלָּשׁוֹן כָּאן

---

[30]

כִּי עַל יְדֵי יְצִיאַת שִׁעוּר קוֹמָה שָׁלֵם שֶׁל י"ס בְּכָל אֶחָד מִבְּחִינוֹת הָאח"פ, וִיצִיאַת הֶאָרַת אוֹר הָעַיִן הַנִּקְרָא הִסְתַּכְּלוּת הָעַיִן, הָיָה הַכָּאָה בֶּן אוֹרוֹת הָאח"פ לְאוֹר הַהִסְתַּכְּלוּת, וּמֵהַכָּאָה זֹאת נַעֲשׂוּ הַכֵּלִים, וַעֲשִׂיַּת הַכֵּלִים הִיא כְּדֵי לִיצוֹר הַנְהָגָה חֲדָשָׁה.

[31]

בְּחִינַת הַחַיָּה הִיא בְּחִינַת הַחָכְמָה, וְזֶה סוֹד הַפָּסוּק כֻּלָּם בְּחָכְמָה עָשִׂיתָ. צָרִיךְ לָדַעַת כִּי לֹא רַק בָּא"ק בְּחִינַת הַחַיָּה, אוֹר מַקִּיף וְהוּא חָכְמָה, עָשָׂה אֶת הַכֵּלִים, אֶלָּא כָּל פַּעַם שֶׁצָּרִיךְ לְהוֹצִיא הַנְהָגָה חֲדָשָׁה, בְּכָל עוֹלָם, אוֹ בְּכָל פַּרְצוּף, עַד הָעוֹלָם הַחוֹמְרִי שֶׁלָּנוּ הָאוֹר הַמַּקִּיף מַכֶּה בָּאוֹר הַפְּנִימִי, וְנַעֲשִׂים כֵּלִים שֶׁהֵם הַנְהָגָה חֲדָשָׁה. **תְּהִלִּים ק"ד כ"ד** - מָה רַבּוּ מַעֲשֶׂיךָ הוי"ה, כֻּלָּם בְּחָכְמָה עָשִׂיתָ, מָלְאָה הָאָרֶץ קִנְיָנֶךָ.

[32]

ע"ח שי"ב פ"ד דנ"ח ע"ח ע"ג - גַּם צָרִיךְ שֶׁתֵּדַע הַקְדָּמָה אַחַת, וְהוּא כִּי אִי אֶפְשָׁר לִהְיוֹת בְּחִינַת הַכֵּלִים, אֶלָּא עַל יְדֵי הַכָּאַת הָאוֹר מַקִּיף, בָּאוֹר פְּנִימִי, וּמִשָּׁם נַעֲשָׂה בְּחִינַת כְּלִי, מִתּוֹלֶדֶת הַכָּאָה הַהִיא וּזְכוֹר זֶה. **תְּרָשִׁים ג – ג.**

[33]

בְּרֵאשִׁית א' ד' - וַיַּרְא אֱלֹהִים אֶת הָאוֹר כִּי טוֹב, וַיַּבְדֵּל אֱלֹהִים בֵּין הָאוֹר וּבֵין הַחֹשֶׁךְ.

[34]

בֵּית לֶחֶם יְהוּדָה שׁ"ד פ"ג - הַנִּקְרָא אֱלֹהִים שֶׁהוּא א"ק. וְנִקְרָא אֱלֹהִים בְּעֵרֶךְ א"ס.

[35]

הַגָּהוֹת וּבֵיאוּרִים)א(– עַיֵּן הֵיכַל הַנְּקוּדִים פֶּרֶק א' מ"ב.

[36]

זֹהַר בְּרֵאשִׁית דְּרמ"ז ע"א – בְּכָל אֲתַר **אֶת** הוי"ה דָּא שְׁכִינְתָּא.
ע"ח ח"ב שְׁל"ח פ"ה דס"ב ע"ד - גַּם נְבָאֵר עִנְיָן מִשָּׁארז"ל אַתִּין וְגַמִּין רַבִּין הֵם, כִּי מְדַבֵּר עַל עִנְיָן ב' בְּחִינוֹת לֵאָה וְרָחֵל. וְהִנֵּה נת"ל אֵיךְ לֵאָה לוֹקַחַת מִן הַמּוֹחִין שֶׁל ז"א בְּחִינַת ד' אַלְפִי"ן שֶׁל ד' שֵׁמוֹת אהי"ה, הַמַּלְבִּישׁ נה"י דִּתְבוּנָה, שֶׁבְּתוֹכָם מִתְלַבְּשִׁין הַמּוֹחִין וְהֵם גִּימַטְרִיָּא מד"ת, בְּסוֹד וּמִדַּת יְמֵי מַה הִיא כנ"ל. וְהִנֵּה בַּתְּחִלָּה לוֹקַחַת אוֹתָן לֵאָה שֶׁהִיא לְמַעְלָה קְרוֹבָה אֶל מוֹחִין דְּז"א, אח"כ יוֹרְדִין בְּרָחֵל, וְזֶהוּ עִנְיָן אַתִּין וְגַמִּין שֶׁהֵם רָחֵל וְלֵאָה, שֶׁהֵם בָּאִים מֵרִבּוּי הַמְשָׁכַת הַשֶּׁפַע אֲשֶׁר בְּז"א בְּמוֹחִין שֶׁלּוֹ, יוֹצְאִין מֵהֶם לַחוּץ בִּבְחִינַת שְׁתֵּיהֶן הַנַּ"ל. לָכֵן נִקְרָא רַבִּין ע"ש שֶׁנִּתְרַבִּים, וְנִגְדָּלִין, וְיוֹצְאִין מֵאֲחוֹרָיו בְּתוֹסֶפֶת וְרִבּוּי הֶאָרַת הַמּוֹחִין שֶׁבִּי, יוֹצְאִין ב' רַבִּים הַנַּ"ל, שֶׁהֵם רָחֵל וְלֵאָה, וְרָחֵל הִיא הַנִּקְרָא **אֶת** וְכַנִּזְכָּר בַּזֹּהַר, דְּכָל אֲתַר אֶת הִיא נוּקְבָא, וְגַם הִיא לֵאָה, וְהָעִנְיָן הוּא כִּי מִן הַד' אַלְפִי"ן שֶׁהֵם גִּימַטְרִיָּא מד"ת נֶחְלָקָה הֶאָרָה, וּכְמִסְפַּר ג"ם מִמְדַּת לוֹקַחַת לֵאָה, וא"ת מִמְדַּת לוֹקַחַת רָחֵל, וּשְׁתֵּיהֶן גַּם אֶת גִּימַטְרִיָּא מְדַת, כנ"ל.
כְּלָל – כָּל מָקוֹם שֶׁכָּתוּב **אֶת**, הַכַּוָּונָה הִיא לְמַלְכוּת אוֹ נוּק'.

[36]

ע"ח שׁ"ו פ"ג דכ"ה ע"ד - וְהִנֵּה דַּע כִּי כֻּלָּם יָצְאוּ בִּבְחִינַת נֶפֶשׁ לְבַד, וְזֶה סוֹד פָּסוּק נִשְׁבַּע ה' בְּנַפְשׁוֹ, כִּי הָאֲצִילוּת הַנִּקְרָא נְקוּדִים כמ"ש וְהוּא הַנִּקְרָא הוי"ה, נִשְׁבַּע בְּמִי שֶׁגָּדוֹל מִמֶּנּוּ, וְהוּא עוֹלָם הָעֲקוּדִים, אֲשֶׁר יָצְאוּ בִּבְחִינַת נֶפֶשׁ לְבַד, וּבְזֶה תַּעֲמִיק וְתִרְאֶה כַּמָּה עָמְקוּ מַחְשְׁבוֹתָיו יִתְבָּרֵךְ, כִּי אֲפִילוּ עוֹלָם עֶלְיוֹן שֶׁל הָעֲקוּדִים, אֵינוֹ רַק בִּבְחִינַת נֶפֶשׁ לְבַד.

מסורסת **אמנם**[37] **נקרא רוזז נשמה אור** צ"ל אמנם הרוח נשמה נקראים אור, **א"ת האור,**
הוא הנפש[38] **עם נשמה ורוזז**[39]. **וכאשר הסתכל המאציל** שהוא א"ק וראה
בהסתכלות **בנפש הנקרא את** צ"ל הנקראת **את** הבל הפה, (צ"ל **עם האור** שהם הבל חוטם אוזן, שהם
רוח ונשמה ל"ג) **אז** מהכאה זאת **יצאו שרשי הכלים. וזהו ויבדל** כי הכלי המבדיל בין אור
לאור, **כי סוד הגוף** (לא גורסים **הוא מובדל ועושה הבדלה ל"ג**) שהוא הכלי,
הוא הנותן ועושה הבדלה, וגבול, וקצבה, אל האורות. ואמנם בסוד
ראייה זו, **יש אור ישר** שהוא בעצם ישר דחוזר, כי כל ההבלים שיצאו הם אור חוזר ביחס לאור הפנימי
דא"ק **ואור זזזזר** שהוא בעצם אור חוזר דחוזר, **כי מתוזלה נמשך הראייה עד סוף**
בזזינה עשירית שהיא מלכות **של הנפש** שהיא נפש דנפש[40], **ואזזר כך בזזזרה** מהטבור
דא"ק **למעלה, היה מובדיל, ונעשה בזזינת הכלים**[41], (לא גורסים **ועושה בה ל"ג**)
ומלביש עושה כלים **את הנפש בכל זזלקיה. ואמנם זה האור הישר** שהוא מקלח,
היה בו כזז ולא בפועל **לעשות כלים בסוד הראש שהם**[42] **ג"ר** בכל אחד מהאח"פ, אבל

---

³⁷

בית לחם יהודה ש"ד פ"ג - אמנם נקראים רוח נשמה אור. צ"ל אמנם הרוח ונשמה נקראים אור. וכך הוא
בע"ח כתב יד, ובשער הקדמות דל"א ע"ב.

³⁸

הגהות וביאורים)ב(– תיבת עם נשמה ורוח ליתא בכתב יד.

³⁹

סיכום הפסוק הוא: **וירא** – אור הסתכלות העינים, שהוא אור החיה, **אלהי"ם** – א"ק, **את** – הבל הפה, שהוא
נפש, **האור** – הבל חוטם ואוזן, שהם רוח נשמה.
תרשים ג – ד.

⁴⁰

הנפש שהיא הבל הפה נפרטת לנרנח"י, וגם אפשר לפרט אותה לי"ס פרטיות, הבל הפה הנקרא נפש, התפשט
עד טבור דא"ק, הבחינה הכי תחתונה שלו נמצאת בטבור דא"ק, אור הסתכלות העין התפשט עד לנקודה זאת,
המאציל הגביל את אור ההסתכלות עד הטבור, כי העולם שנאצל מתחת לטבור לא יכול לסבול את האור
הגדול של ההסתכלות העין, רק אח"פ שהם אורות גדולים יכלו לסבול את אור העין, ולא את אור העין כולו
אלא רק את המלכות של האור העין, הארת אור העין

⁴¹

למדנו כי כל הכלים דז"ת נעשו במקום התחתון של כל הבל, כאן הרב ז"ל כותב כי בעלית אור ההסתכלות
נעשו כלים. הכוונה היא כי הכלים נעשו כולם במקום התחתון שמגיע ההבל, שהוא בטבור דא"ק, וכאשר הרב
ז"ל כותב כי הכלים נעשו על ידי אור הסתכלות העין חזר לשורשו, הכוונה היא כי אור החוזר
דהסתכלות חיזק את הכלים בעלייתו.

ע"ח ע"ד פ"א די"ח ע"ב - וחוזר אז כל בחינת הכלים שוין, שאם היסוד]נ"א שאף שהיסוד[היה מתפשט
לפנים יותר מן המלכות, היה שוה אל המלכות, אף)שהוא(יסוד, שהרי נתפשט יותר, כי היסוד מרוב אורו על
המלכות היה בו כח להתפשט יותר, ואין בו מעלה יותר אל המלכות,)נ"א כי היסוד למעלה אל המלכות(אלא
מפני שזה התפשטות הוא בסוד אור חוזר, שהוא חוזר ומתקרב אל מקורו, אבל בבחינת הכלים עצמן הם שוים.

⁴²

בית לחם יהודה ש"ד פ"ג - שהם ג"ר עכ"ז וכו'. צ"ל אבל עכ"ז.

עִ֫ם כָּל זֶה לֹא הָיָה יָכוֹל לִהְיוֹת נִיכָּר הכלים דג"ר דאח"פ לא יכלו לצאת לפועל, עַד[43] שֶׁפָּגַע רְאִיָּיה זוֹ בְּנֶפֶשׁ עַצְמוֹ של כל אחד מהאח"פ וּבְהַפָּגְעָה שָׁם[44], (לא גורסים הָיָה עוֹשֶׂה ל"ג) הִנֵּה[45] נִגְמַר עֲשִׂיַת הַגּוּף שהם הכלים, אֶל הָרֹאשׁ שֶׁהֵם ג"ר של כל אחד מהאח"פ. אַךְ כֵּלִים אֶל הַגּוּף שֶׁהֵם ז"ת[46] הכללים של כל האח"פ, לא נעשו על ידי אור ישר דהסתכלות, כי עֲדַיִין לֹא הָיָה כֹּז בָּרְאִיָּיה של ההסתכלות זו לעשות כלים לז"ת עַד[47] שֶׁתִּפָּגַע בְּנֶפֶשׁ הַנֶּפֶשׁ הנמצאת בטבור עַצְמָהּ, וְע"י[48] הַסְתַּלְקוּת ב' אורות שהם אור ההסתכלות, ואור

43

בית לחם יהודה ש"ד פ"ג - עד שפגע ראיה זו בנפש עצמה. היינו שפגע בשבולת הזקן, ששם התחברות כל הג' הבלים דאח"פ, כמבואר בפרק א' דשער טנת"א, יעו"ש. עיין בפרק א' דלעיל, ד"ה כי פגע וכו'.

44

יוצא שאפילו הג"ר דנפש צריכות את האור החוזר, כדי לצאת מהכח לפועל. פרט זה לא נמצא בדרוש של רבי גדליה הלוי, כי שם כתוב שיצא אור עשה את בחינת הראשים.

ע"ח ש"ד פ"א די"ח ע"ב - וההסתכלות זה בדרך ישר עשה רושם (נ"א צ"ל ראשים) בכל בחינה ובחינה, כי פגע בכל בחינה ובחינה מן ההסתכלות, לבחינת הבל כתר בכתר. וכן על דרך זה נעשה כל רושם (נ"א צ"ל ראשית) הכלים. החיצונים באברים חיצונים. ופנימיים באברים פנימיים. ולא נגמר זה עד שהזכה הסתכלות במקום שמתחברים ההבלים, שהוא התפשטות ההבלים שהוא חיצונות שלהם, ומהכאת אור ההבל אל אור הסתכלות, חזר אור הסתכלות בדרך אור חוזר, ונעשה כלי בכל בחינה ובחינה לשאר (נ"א לזה) הגוף. החיצונות לאברים חיצונים, פנים לאברים פנימים

45

בית לחם יהודה ש"ד פ"ג - הנה נגמר עשיית הגוף אלא הראש שהם הג"ר. ר"ל עשיית הכלים, כי הכלים נקראים גוף.

46

כל אחד ההבלים דאח"פ בעל שעור קומה של י"ס, אבל אם ניקח את אח"פ בכללות של שעור קומה אחד, הבל האוזן יהיה ג"ר של השעור קומה הכללי, וההבל דחוטם פה יהיו הו"ק דשעור קומה הכללי. **תרשים ג – ה.**

47

בית לחם יהודה ש"ד פ"ג - עד שתפגע בנפש הנפש עצמה. ר"ל במלכות דעקודים, כי כללות העקודים נקראת נפש, ומלכות שלה היא נפש דנפש.

48

בית לחם יהודה ש"ד פ"ג - וע"י הסתלקות שניהם ממטה למעלה, שהם אור העקודים ואור העין, היה האור חוזר ומלביש את הז"ת. כלשון זה נמי כתב בשער הקדמות די"ד ריש ע"ד, אבל הוא לפי דרוש מהרח"ו ז"ל, ואינו לזולתו, כפרקין דהכא יעו"ש. וכפי הדרוש דהתם, ניחא אמנם לדרוש זה, קשה דאי שניהם נסתלקו באור חוזר, אם כן לא נשאר למטה מבחינת הז"ת דעקודים שום אור כלל, ועל מי היו מלבישין בחזרתם. ודוחק לומר שהיו מלבישין על אור הז"ת דאוזן ודחוטם, ולא על אור הז"ת דעקודים, דאם כן ליכא שלושים כלים באורות אח"פ, כדאמר לעיל. ועיין בשער הקדמות דל"א סוף ע"א, שהנוסחא הוא וע"י שניהם היה האור חוזר ממטה למעלה, ועושה כלים, ומלביש את הז"ת הנקראים גוף. שר"ל וע"י הכאת שני האורות זה בזה, וזה בזה, היה אור העין חוזר וכו', וזה קרוב למה שכתב בדרוש רבינו גדליה בפרק א' דלעיל. אבל לפי גירסא דפרקין קשה, ואחר כך ראיתי בע"ח דפוס קארעץ דגריס וע"י שניהם האור חוזר ומלביש את ז"ת. וכן הגירסא בע"ח כתב יד דשנת ע"ח . והיא גירסא מדויקת.

הָעֲקוּדִים, שֶׁהוּא בְּעֶצֶם הֶבֶל הַפֶּה **מִלְמַטָּה לְמַעְלָה** בְּאוֹר חוֹזֵר[49], שֶׁהֵם **אוֹר הָעֲקוּדִים וְאוֹר הָעַיִן**, הָיָה הָאוֹר חוֹזֵר וּמַלְבִּישׁ אֶת ז"ת וְעוֹשֶׂה לוֹ כֵּלִים.

כָּל הַדְּרוּשׁ הַזֶּה עוֹסֵק בְּפַרְצוּף הַתְּבוּנָה[50].

כָּאן הָרַב נִכְנָס לְסוּגְיָה עֲמוּקָה, יָדוּעַ כִּי מַה שֶׁנַּעֲשֶׂה בָּעֲנָפִים, שֶׁהֵם עוֹלָם הָאֲצִילוּת וּבִי"ע, נַעֲשֶׂה גַּם בַּשּׁוֹרֶשׁ, שֶׁהוּא א"ק, כַּאֲשֶׁר הָרַב מְדַבֵּר בָּאֲצִילוּת הוּא מַמְשִׁיל אֶת הַסּוּגְיָה בְּמָשָׁל מִגּוּף הָאָדָם, כָּאן בְּעוֹלָמוֹת אח"פ, שֶׁהֵם עוֹלָמוֹת גְּבוֹהִים הָרַב מַמְשִׁיל אֶת הַסּוּגְיָה הַזֹּאת בְּאוֹתִיּוֹת, סוּגְיָה זֹאת בִּפְרָטוּת נִמְצֵאת בְּשַׁעַר או"א, שי"ד פ"ט בְּעִיקָר. **וְנַחֲזוֹר עַתָּה לְבָאֵר לִבְחִינַת נְשָׁמָה** שֶׁהִיא הֶבֶל הָאוֹזֶן, שֶׁהֵם בְּחִינַת בִּינָה וּתְבוּנָה, כְּמוֹ שֶׁלָּמַדְנוּ כִּי אוֹר הָעֵינַיִם הֵם אַבָּא וְיִשְׂרָאֵל סָבָא, הֶבֶל הָאוֹזֶן בִּינָה וּתְבוּנָה, הֶבֶל הַחוֹטֶם יִשְׂרָאֵל וְיַעֲקֹב, וְהֶבֶל הַפֶּה לֵאָה וְרָחֵל, הַנְּשָׁמָה בִּכְלָלוּת נִקְרֵאת אִימָא,

---

49

עוֹד פְּרָט הָרַב ז"ל מְלַמֵּד אוֹתָנוּ, עַד עַכְשָׁיו הָרַב ז"ל דִּיבֵּר עַל אוֹר הַהִסְתַּכְּלוּת שֶׁחוֹזֵר אַחֲרֵי שֶׁמַּגִּיעַ לַטַּבּוּר, וְהַהֲבָלִים נִשְׁאָרִים בִּמְקוֹמָם, אֲבָל הָאוֹזֶן עַד שִׁבּוֹלֶת הַזָּקָן, הֶבֶל הַחוֹטֶם עַד הֶחָזֶה, וְהֶבֶל הַפֶּה עַד הַטַּבּוּר. כָּאן הָרַב ז"ל מְלַמֵּד כִּי לֹא רַק אוֹר הָעַיִן חוֹזֵר, אֶלָּא גַם הֶבֶל הַפֶּה חוֹזֵר לִמְקוֹר שֶׁלּוֹ. אִם כֵּן מַה הוֹעִיל לְהוֹצִיא אֶת אוֹרוֹת האח"פ אִם הֵם חוֹזְרִים לִמְקוֹרָם, לָכֵן הַבֵּית לֶחֶם יְהוּדָה כּוֹתֵב כִּי הַגִּירְסָא כָּאן לֹא נְכוֹנָה, וּמֵבִיא גִּירְסָא מע"ח כָּתַב יַד שֶׁרַק אוֹר הָעַיִן עוֹלֶה בַּחֲזָרָה, וְגַם הוֹכָחָה מִשַּׁעַר הַהַקְדָּמוֹת. וְצָרִיךְ לָדַעַת כִּי יֵשׁ בִּנְיַן אָב בְּדִבְרֵי הָרַב, וְהוּא כִּי לְכָל אוֹר יָשָׁר חַיָּיב לִהְיוֹת גַּם אוֹר חוֹזֵר, וּלְפִי כְּלָל זֶה אֶפְשָׁר לְפָרֵשׁ כִּי מַה שֶׁחוֹזֵר עִם אוֹר הָעַיִן הָיָה הָאוֹר הַחוֹזֵר שֶׁל הֶבֶל הַפֶּה. אוֹ אֶפְשָׁר לְפָרֵשׁ כִּי הַהֶבֶל הַפֶּה חָזַר לִמְקוֹרוֹ, וְהִשְׁאִיר רְשִׁימוֹ.

ע"ח ש"ו פ"ו מ"ת דכ"ח ע"א - הִנֵּה בְּעוֹלָם הָעֲקוּדִים בְּעֵת יְרִידַת הָאוֹרוֹת שֶׁל הֵי"ס שֶׁבוּ לְמַטָּה, הָיָה אוֹר נִמְשָׁךְ לָהֶם מִן הַמַּאֲצִיל בִּבְחִינַת אוֹר יָשָׁר, וְאח"כ בַּחֲזָרָתָן לַעֲלוֹת לְמַעְלָה, הִנֵּה נִמְשָׁךְ לָהֶם הָאוֹר בִּבְחִינַת אוֹר חוֹזֵר. וְצָרִיכִים אָנוּ לְהוֹדִיעֲךָ עַתָּה בְּהַקְדָּמָה אַחֶרֶת כּוֹלֶלֶת כָּל הָעוֹלָמוֹת)נ"א כְּלוּלָה בְּכָל הַמָּקוֹם(, וְהוּא בְּעִנְיַן חֲזָרַת הָאוֹרוֹת אֶל הַמַּאֲצִיל, כִּי זוּלַת מַה שֶׁבֵּיאַרְנוּ בַּמ"א, כִּי אע"פ שֶׁהֵם עוֹלִין וּמִסְתַּלְּקִין, הִנֵּה **הֵם מַמְשִׁיכִין מִלְמַעְלָה לְמַטָּה מִן הַמַּאֲצִיל בְּחִינַת אוֹר הַנִּקְרָא אוֹר חוֹזֵר**, עוֹד יֵשׁ בְּחִינָה אַחֶרֶת גְּדוֹלָה וְרַב הַתּוֹעֶלֶת, וְהוּא כִּי לְעוֹלָם אֲפִילוּ כְּשֶׁמִּסְתַּלְּקִין אֵינָם מִסְתַּלְּקִין לְגַמְרֵי בְּכָל בְּחִינוּתֵיהֶן עַצְמָן וְעוֹלִין, **אָמְנָם מַנִּיחִין מִכָּאן וּמִבְּחִינַת עַצְמָן קְצָת הֶאָרָה לְמַטָּה בְּמָקוֹם אֲשֶׁר עָמְדוּ שָׁם בָּרִאשׁוֹנָה**, וְזֶה הֶאָרָה אֵינָה נֶעֱקֶרֶת מִשָּׁם לְעוֹלָם וָעֶד, אַף גַּם בְּעֵת עֲלוֹתָם לְמַעְלָה **הֶאָרָה הַזֹּאת נִקְרָא רְשִׁימוּ**, בְּסוֹד שְׁמֵנִי כַחוֹתָם עַל לִבֵּךְ הַנִּזְכָּר סוֹף פָּרָשַׁת מִשְׁפָּטִים בַּסָּבָא דקי"ד ע"א. וְהַטַּעַם הוּא כִּי הָאוֹרוֹת הָעֶלְיוֹנִים הֵם לְאוֹרוֹת הַתַּחְתּוֹנִים בִּבְחִינַת הָאָב עַל הַבָּנִים, אֲשֶׁר חֶשְׁקוֹ תָּמִיד לְהַשְׁפִּיעַ בָּהֶם, כַּמְבוֹאָר אֶצְלֵינוּ בִּכְבוֹד אָב, וְאִם כִּי נִיצוֹץ אֶחָד מֵהָאָב נִמְשָׁךְ אֶל הַבֵּן, וְאֵינוֹ זָז מִמֶּנּוּ לְעוֹלָם, וְכֵן הָעִנְיָן בְּכָאן בי"ס כִּי הָעֶלְיוֹנִים, מַנִּיחִין בְּמָקוֹם הָאֶחָד קְצָת הֶאָרָה הַנִּקְרָא רְשִׁימוּ, כְּדֵי שֶׁמִּשָּׁם יוּמְשַׁךְ הֶאָרָה לַתַּחְתּוֹנִים.

50

הַקְדָּמָה - צָרִיךְ לָדַעַת כִּי פַּרְצוּף הַבִּינָה)וְגַם פַּרְצוּף הַחָכְמָה(מִתְחַלֶּקֶת לְב' פַּרְצוּפִים פְּרָטִים הַנִּקְרָאִים בִּינָה וּתְבוּנָה)פַּרְצוּף הַחָכְמָה מִתְחַלֵּק לְחָכְמָה וְיִשְׂרָאֵל סָבָא(. הָרַב ז"ל מְדַבֵּר כָּל הַזְּמַן רַק עַל פַּרְצוּף הַבִּינָה הַמִּתְחַלֵּק לְבִינָה וּתְבוּנָה. תְּבוּנָה זֹאת נִקְרֵאת בִּלְשׁוֹן הָרַב ז"ל **תְּבוּנָה רִאשׁוֹנָה.**

תַּרְשִׁים ג – ו.

גַּם פַּרְצוּף הַתְּבוּנָה, הַנִּקְרָא תְּבוּנָה רִאשׁוֹנָה מִתְחַלֵּק לְפַרְצוּפִים פְּרָטִים הַנִּקְרָאִים בִּינָה וּתְבוּנָה, וְנִקְרָאִים בְּדִבְרֵי הָרַב ז"ל - בִּינָה דִּתְבוּנָה, וּתְבוּנָה דִּתְבוּנָה, הַתְּבוּנָה הַזֹּאת נִקְרֵאת לִפְעָמִים תְּבוּנָה שְׁנִיָּה.

תַּרְשִׁים ג – ז.

הַנֵּה"י שֶׁל הַתְּבוּנָה הַשְּׁנִיָּה נִקְרָא תְּבוּנָה שְׁלִישִׁית. הַתְּבוּנָה הַשְּׁלִישִׁית הִיא הִיא מִתְלַבֶּשֶׁת וְנוֹתֶנֶת מוֹחִין תּוֹךְ ז"א.

תַּרְשִׁים ג – ח.

בְּדֶרֶךְ כְּלָל מְצַיְּירִים אֶת הַתְּבוּנוֹת בָּרוֹחַב, אֶחָד לְיַד הַשְּׁנִיָּה, וְלֹא מַלְבִּישׁוֹת אַחַת אֶת הַשְּׁנִיָּה, וְכָל זֶה כְּדֵי לִרְאוֹת אֶת מַעֲרֶכֶת הַהַלְבָּשָׁה בְּצוּרָה יוֹתֵר בְּרוּרָה.

תַּרְשִׁים ג – ט.

והיא נותנת מוחין לז"א הנקרא חוטם, **הִנֵּה**[51] **כְּבָר בֵּאַרְנוּ כִּי הַנְּשָׁמָה מִן הָאֹזֶן שֶׁהִיא בִּינָה** שהיא האוזן הימנית, ותבונה היא מאוזן השמאלית[52]. **וְהִנֵּה שְׁמִיעָה גִּימַטְרִיָּא תכ"ה** והוא[53] ר"ת **כ"ל הַנְּשָׁמָ"ה תְּהַלֵּ"ל יָ"ה, כִּי מִן הָאֹזֶן** נמשך **סוֹד הַנְּשָׁמָה** ובה לרמוז כי הנשמה היא באוזן, ומשם נמשך אור הנשמה, **וְהִנֵּה אֹזֶן גִּימַטְרִיָּא נ"זז**[54] האמת היא, שהיה צריך להיות שם ס"ג באוזן, כמו בחוטם ובפה, כי החוטם הוא גמטריא ס"ג, והפה גמטריא ס"ג עם כ"ב אותיות של מוצאות הפה. כי כל בחינת אח"פ ואור העין הם מבחינת הס"ג הכללי. בהמשך הדרוש הרב יסביר כי באמת יש שם ס"ג באוזן, ואת הקשר בין אור האוזן לשם נ"ח, והקשר שלו לשם ס"ג, **וְהָעִנְיָן כִּי כְּבָר בֵּאַרְנוּ**[55] **כִּי**[56] פרצוף אימא מתחלק לב' פרצופים, מהטבור ולמעלה נמצא פרצוף הבינה, ומהטבור ולמטה פרצוף התבונה, בעולם האצילות הבינה דאצילות מלבישה את א"א בצד שמאל מהגרון עד החזה, והתבונה מהחזה עד הטבור דא"א. בצד ימין דא"א מלביש החכמה את א"א מהגרון עד החזה, וישראל סבא מהחזה עד הטבור[57] וגם בשורש בעולמות אח"פ זה אותו דבר. **וְיֵ֫שׁ** שני פרצופים הנקראים

51

בית לחם יהודה ש"ד פ"ג - והענין כי כבר ביארנו. הוא בריש פ"ט דשער או"א.

52

אוזן ימין היא בינה, שהיא שורש לפרצוף אימא עילאה שבעולם האצילות. ואוזן שמאל היא תבונה, שהיא שורש לפרצוף בינה דאצילות, שהיא בחינת מלכות דאימא, ומלבישה את אימא עילאה מהחזה ולמטה.

53

ראשי תבות של הפסוק **כל הנשמה תהלל** יה, הם אותיות תכ"ה, שהוא בגמטריא שמיעה. שם של של תכ"ה הוא אחד מהמשמות שבשם ע"ב, ובשם זה משה הרג את המצרי. **תהילים ק"ן ו'** - כל הנשמה תהלל יה הללו יה.

אוסרי לגפן לרבי יהודה שנפלד דקפ"ב - מי שמך לאיש ... להרגני אתה אומר גו', מלמד שהרגו בשם המפורש (שמות רבה) ר"ל שהיה מפרש שמו של המצרי, ועשה משמו איזה צירוף למיתה, ומת תיכף ... כי הצדיקים השלמים מחיים בדיבורם וממיתים למי שנכנסה עליו מיתה בלא זה אלא שהיה לאיזה זמן, והמה בדיבורם הקדוש מקרבים מיתתו שתהיה תיכף, דאל"כ לא היה אב הנביאים משתמש בשם המפורש בשביל דבר קטן כזה, כי היה יכול להורגו בידים, כי גבור בארץ היה מעודו, ומעשה עוג מלך הבשן יוכיח (שהרגו בידו ולא בשם) ומה גם שהיה אתו עוד אחד – המוכה, והיו המה שנים, והמצרי אחד, אלא ודאי כדברינו. (א"ה צ"ע הא ידוע מהמקובלים השם שהשתמש בו להרוג המצרי, ונרמז בלשון הפסוק למה **תכ"ה** רעך, ואולי זה גופא היה רמוז בשם המצרי, והי"ע.)

54

כל דרוש זה מבוסס על דרוש בזהר על נח, ובדרוש זה בזהר יש סודות גדולים ועצומים הקשורים לסוגיה זאת. הרב ז"ל יפרש את סוד המאמר הזה בזהר בפרק ד' של השער הזה.
זהר נח דנ"ח ע"ב – נח נייחא ליה נייחא לעלמא נייחא לאבהן נייחא לבנין, **נייחא לעלאין נייחא לתתאין,** ניחא לעלמא דין ניחא לעלמא דאתי.

55

הגהות וביאורים (ג) - אמר המגיה עיין שער או"א פרק ט'.

56

בית לחם יהודה ש"ד פ"ג - כי יש בינה ותבונה. הכוונה על כללות התבונה, המזדווגת עם ישראל סבא, שנחלקת לשנים שהם אהי"ה וס"ג.

57

ע"ח שי"ד פ"ב מ"ת ד"ע ע"ג - נמצא עתה כי או"א מתחילין להלביש את א"א מן הגרון שבו, עד סיום היסוד דעתיק שבתוכו, שהוא עד סיום שליש עליון דת"ת דא"א, והוא עד החזה שלו, ואבא מלביש הימין, ואמא מלביש השמאל, ואח"כ באים יש"ס ותבונה גם הם מלבישין את א"א, מהחזה הנ"ל עד טבור של א"א, שהוא יותר למטה מעט מן חצי ת"ת שלו, יש"ס בימין, ותבונה משמאל, ואלו הד' פרצופין הן מלבישין לא"א מן הגרון עד הטבור כנ"ל, מכל צדדיו וסביבותיו, ימין ושמאל אחור ופנים.

בִּינָה וּתְבוּנָה, אמנם **בִּינָה**[58] היא שם **אהי"ה** במילוי דְּיוּדִין שהוא שם הנקרא קס"א[59] והוא כזה -
אל"ף ה"י יו"ד ה"י, וּתְבוּנָה השניה **הִיא שֵׁם ס"ג** במילוי כזה - יו"ד ה"י וא"ו ה"י[60], **אַ֤ךְ**[61]
עִם כָּל זֶה, וַדַּאי כִּי גָבוֹהַּ מֵעַל גָּבוֹהַּ שׁוֹמֵר[63] כי יש בינה עוד יותר עליונה מבינה ותבונה זאת,
מפני שכל פרצוף חוזר ומתחלק שוב[64], **כִּי יֵ֤שׁ** שם הוי"ה של **ס"ג הַכּוֹלֵל בִּינָה וּתְבוּנָה**
לְמַעְלָה[65] **מֵאהי"ה דְּיוּדִי"ן הַנַּ"ל**[66].[67] **אֲשֶׁר**[68] **מִשֵּׁם ס"ג** זה ולמטה לא גורסים ולמטה

תרשים ג – י.

58

בית לחם יהודה ש"ד פ"ד - בינה אהי"ה דיודי"ן ותבונה היא שם ס"ג. פרוש כי זו המלכות דתבונה היא
כללות ה"י האחרונה דס"ג של התבונה המזדווגת עם יש"ס. והנה חשבון ה"י הוא גימטריה ט"ו שהם ג' ההי"ן,
וב' ההי"ן העליונים הם אהי"ה, וה' אחרונה היא ס"ג.

59

כמו שלשם הוי"ה יש בכללות)בפרטות יש יותר שמות, לדוגמה הרב ז"ל השתמש בהוי"ה הנקראת נ"ח
בדרוש זה(, ארבע מלואים שהם ע"ב, ס"ג, מ"ה ב"ן, כך יש לשם אהי"ה שלשה מלואים, הנקראים קס"א,
קמ"ג, קנ"א. כאשר שם קס"א נקרא אהי"ה דיודין, שהוא אל"ף ה"י יו"ד ה"י. שם קמ"ג נקרא אהי"ה דאלפין,
שהוא אל"ף ה"א יו"א יו"ד ה"א. ושם קנ"א נקרא אהי"ה דההין, שהוא אל"ף ה"ה יו"ד ה"ה.

תרשים ג – י"א.

60

שם ס"ג הוא נקרא גם הוי"ה דיודין ואלפין, הוי"ה זאת היא הממוצעת)נמצאת באמצע(בין שם ע"ב לשם מ"ה.

61

בית לחם יהודה ש"ד פ"ד - אך עם כל זה וכו', כי יש ס"ג הכולל בינה ותבונה. הם בינה ותבונה שבאימא
עלאה המזדווגת עם אבא.

62

בית לחם יהודה ש"ד פ"ד – אך עם כל זה כי יש ס"ג הכולל בינה ותבונה למעלה וכו'. בינה ותבונה הנזכר
שניהם הם בתבונה המזדווגת עם יש"ס, כי נחלקת לשנים, שהם אהי"ה וס"ג, וכללות שניהם הם ס"ג, ונמצא
ששם ס"ג הכללי הזה הוא למעלה מאהי"ה דיודי"ן שבמלכות התבונה.

63

קהלת ה' ז' - אם עשק רש וגזל משפט וצדק תראה במדינה, אל תתמה על החפץ, כי גבה מעל גבה שמר,
וגבהים עליהם.

64

יוצא מכל זה כי הבינה והתבונה שהרב ז"ל מדבר עליהם, הם בעצם בינה ותבונה דתבונה. כי מעליהם יש את
פרצוף הבינה, שהיא בינה דפרצוף אימא. כמו שכותב הבית לחם יהודה - בינה ותבונה הנזכר שניהם הם
בתבונה.

תרשים ג – י"ב.

65

הגהות וביאורים)ד(- פירוש הדברים כי למעלה הבינה האמיתית העליונה היא אהי"ה דיודי"ן, ולמטה ממנה
יש שם ס"ג, וכל בחינת שם ס"ג נקרא תבונה אחת, אך לפעמים מתחלקת תבונה זו שהוא שם ס"ג הנזכר לב',
ונעשה בינה ותבונה, כנזכר שהם הל"ג חלקים הראשונים של הס"ג, והכ"ח והנ"ח)צ"ל והנ"ה, עיין במבוא שערים(
חלקים שהם בינה ותבונה, ואז בינה דתבונה גם כן תקרא שם אהי"ה דיודי"ן, ותבונה תקרא שם ס"ג. והנה
מזה שם דס"ג הכולל בינה ותבונה, שהם אהי"ה וס"ג כנזכר ימשכו עוד וכו', מבוא שערים דף י' ע"ב,)אמר
המגיה ועיין סוף פרק י' משער המוחין(.

66

יפה שעה)א(- והענין כי הנה ביארנו כי יש בינה ותבונה כו'. על נדבר עתה במציאות שם ס"ג זה, עם היותו
למטה מאהיה דיודי"ן כו'. פירוש שנודע שיש אימא עילאה ותבונה. ואימא עילאה בכללותה נקרא אהיה דיודין.

(נ"א צ"ל ימשכו למטה) מהבינה העליונה, עוד בינה[69] אזורת של אהי"ה דידי"ן, ותבונה בשם ס"ג כי כל פרצוף בינה שנחלק לבינה ותבונה, תמיד החלק העליון יהיה בינה, והוא אהי"ה דידין הנקרא קס"א, והחלק התחתון יהיה תבונה שהיא הוי"ה הנקראת ס"ג, והם נקראים בינה ב' ותבונה ב'.[70] וכל[71] זה למטה (נ"א למעלה) בשם ס"ג העליון שהיא אימא העילאה[73] כנ"ל.[74] והנדבר[75]

ותבונה בכללותה נקראת שם ס"ג, ויש שם ס"ג גבוה על אהיה דידין דאימא עילאה. ושם ס"ג הזה כולל את שתיהם אימא עילאה ותבונה, וכמו כן בתבונה לבדה בפרטות גם היא נחלקת לבינה ותבונה שבה, ובינה שבה היא שם ס"ג דידין. ותבונה שבה היא שם ס"ג. ועוד יש שם ס"ג הגבוה וכולל את שתיהם. בינה ותבונה שבתבונה. והוא מתחלק בהם בזה האופן יו"ד בחכמה שבה שבתבונה ה"י בבינה שבתבונה. וא"ו בהג"ת שבה ה"י בנה"י שבה. ועד החב"ד שבה נקרא בינה שבתבונה. ומנה"י שלה ולמטה נקרא תבונה שבתבונה. וזה השם ס"ג הכולל בינה ותבונה שבתבונה הוא למטה מאהיה דידין דאימא עילאה. ועיין בשער אבא ואימא פרק ט'.
67

הבינה נקראת ס"ג, כאן הרב ז"ל מחלק אותה לב' חלקים, כאשר החלק העליון נקרא בינה, אבל הוא מגיע עד למטה, והחלק התחתון מלביש את הבינה מהטבור ולמטה, ונקרא תבונה. השם של הבינה נקרא קס"א, והשם של התבונה נקרא ס"ג. לכאורה היתה צריכה התבונה שהיא שם ס"ג להיות יותר גדולה מהבינה, שהיא שם קס"א, כאן הרב ז"ל מלמד כי, ערך הס"ג דתבונה הוא קטן היחס לבינה, שהיא שם קס"א, וכללות שתיהם הם פרצוף אחד שהוא ס"ג בכללי, הנקרא בינה, וכאשר נפרט ס"ג הכללי לב' פרצופים, הם נקראים בפרטות קס"א וס"ג.
תרשים ג – י"ג.
עוד כלל חשוב ביותר, והוא כי כל פעם שהרב ז"ל מזכיר את בחינת הבינה והתבונה, צריך לדעת שאותם בחינות הם גם בחכמה, רק שם הבחינות נקראות חכמה, וישראל סבא.
68

בית לחם יהודה ש"ד פ"ג - אשר משם ס"ג זה. העליון הכללי שבתבונה ולמטה.
69

בית לחם יהודה ש"ד פ"ג - בינה אחרת של אהיה דידי"ן ותבונה בשם ס"ג. אשר שניהם הם במלכות דתבונה.
70

בית לחם יהודה ש"ד פ"ג - כל זה למטה משם ס"ג העליון. כך צריך לגרוס.
71

בית לחם יהודה ש"ד פ"ג - וכל זה למטה משם ס"ג העליון. שבתבונה שעם יש"ס. עד כאן הוא מבואר במבוא שערים דל"ג ע"ד, רק דהתם נקט רז"ל הסדר מלמעלה למטה, והכא נקט הסדר ממטה למעלה, יעו"ש.
72

הגהות וביאורים)ה(- אמר המגיה עיין שער או"א פרק ט', ויותר מפורש בספר מבוא שערים דף ו' ע"ב.
73

נמצא כי יש ג' תבונות המלבישות אחת על השניה, והם מלבישים כל פרצוף הבינה. תבונה ראשונה מלבישה את הבינה מהטבור דבינה ולמטה. תבונה שניה מלבישה על התבונה הראשונה מהטבור דתבונה ראשונה ולמטה, והיא מתחלקת לבינה ותבונה. ותבונה השלישית מלבישה על התבונה השניה מהטבור דתבונה שניה ולמטה.

בעומק הענין, תבונה היא בעצם מלכות דבינה, כמו שכותב הבל"י, וכמו שהמלכות דז"א מלבישה אותו מהטבור ולמטה, כך גם התבונה מלבישה את הבינה מהטבור ולמטה, ונקראת מלכות דבינה. התבונה השניה המלבישה את התבונה הראשונה, נקראת מלכות דמלכות דבינה. והתבונה השלישית המלבישה את התבונה השניה, נקראת מלכות דמלכות דמלכות דבינה. וכמובן אותה מערכת נמצאת בחכמה ויש"ס.
74

28

עַתָּה בְּמְצִיאוּת שֵׁם ס"ג שהוא תבונה ראשונה זֹה, אֲשֶׁר עִם הֱיוֹתוֹ לְמַטָּה (נ"א
לְמַעְלָה) מֵאֵהִי"ה דְּיוּדִי"ן שהוא אימא עילאה, הוּא[76] כּוֹלֵל בִּינָה וּתְבוּנָה יותר תחתונים,

שהם בינה ותבונה דתבונה. בסוגיה זאת הרב מערבב את בחינות או"א וחו"ב, וצריך לדעת כי הרב מדבר על אותם
בחינות. יוֹדֵעַ[77] כאן הרב מביא הקדמה חשובה, שֶׁיֵּשׁ חִילוּק בֵּין בִּינָה וּתְבוּנָה והבדל כאשר פרצוף
התבונה עומד מחצי פרצוף הבינה ולמטה, לְלֵאָה וְרָחֵל[78], כִּי הֲלֹא אוּ"א עילאין כְּחַדָא נַפְקִין

וְשַׁרְיָין יצאו ביחד, ושוים בקומתם, וזיווגם תדיר, וְאִם כֵּן הוּא מוּכְרָז כִּי כאן הרב קורא לאו"ב
חו"ב, הַחָכְמָה וְבִינָה יִהְיוּ שָׁוִין בְּקוֹמָתָן[79] ובגלל שהם עומדים באותה קומה, נמצא שהיסודות
שלהם, יסוד דאבא מול יסוד דאימא עומדים אחד מול השני, וכל זה כדי שיהיה זיווג תמידי כדי להוריד שפע
לעולמות[80], נִמְצָא[81] כִּי הַתְּבוּנָה אֵינָה מִתְּזַלֶּלֶת אֵזוֹר סִיּוּם בִּינָה כלומר שהתבונה לא

בית לחם יהודה ש"ד פ"ג - ונדבר עתה במציאות שם ס"ג זה אשר עם היותו למטה מאהי"ה דיודי"ן הוא
כולל בינה ותבונה. כך צריך לגרוס, והכוונה היא על שם ס"ג הכולל דתבונה, שלמטה מאהיה דיודי"ן דאימא
עלאה, וכל פירוש זה הוא להרב שעה ז"ל, אלא שאין לשונו מובן היטב. אמנם יש פירוש שני בסוגיין,
והוא כפי מה שכתב רז"ל בשער הקדמות דל"א ע"א, ובמבוא שערים דל"ג ריש ע"ד, והוא זה כי כבר ביארנו
כי יש בינה ותבונה וכו'. בינה ותבונה הנזכר שניהם הם במלכות דתבונה, המזדווגת עם ישראל סבא.
75

בית לחם יהודה ש"ד פ"ג - ונדבר עתה במציאות שם ס"ג זה אשר עם היותו למטה מאהי"ה דיודי"ן וכו'.
לפי פירוש הב' הזה צ"ל למעלה מאהי"ה דיודי"ן וכו', כי בין לפירוש א' ובין לפירוש ב' רז"ל מדבר השתא
בס"ג הכולל דתבונה, ולא בס"ג אחר.
76

בית לחם יהודה ש"ד פ"ג - הוא כולל בינה ותבונה. לקמן מפרש איך הוא כולל בינה ותבונה, כי ל"ג חלקים
מהס"ג הם בינה, ושאר חלקים הנשארים מהס"ג הם נגדלים ונעשים נ"ח, והם תבונה. וזהו בין לפירוש א' ובין
לפירוש ב'.
77

יפה שעה)ב(- ודע כי יש חילוק בין בינה ותבונה, ללאה ורחל, כי הלא אבא ואימא כחדא שריין, ואם כן
מוכרח הוא כי החכמה ובינה יהיו שוין בקומתם, ונמצא כו'. תימא אין זו הכרח. כי כמו שיש בינה ותבונה, כמו
כן יש אבא וישראל סבא. ואם כן יהיו בינה ותבונה פרצופים נפרדים כמו לאה ורחל. ויהיו אבא ואימא עילאה
שוין בקומתם, כחדא נפקין וכחדא שריין. והנה בפרק ו' משער או"א כתב רז"ל ונבאר ענין אימא ומשם תקיש
אל אבא יעויין שם. מתבאר מזה שגם אבא עילאה ויש"ס אינם פרצופים נפרדים זה מזה. אלא כמו מה שכתב
רז"ל בבינה ותבונה.
78

צריך להבין על איזה רחל ולאה רב ז"ל מדבר. כי יש לאה שהיא קשר של תפילין, והרגלים שלה נכנסים תוך
הראש של רחל.
תרשים ג – י"ד.
ויש לאה הנקראת לאה הגדולה, הנקראת ו"ק דב"ן ורחל הקטנה מלבישה אותה מהחזה ולמטה.
תרשים ג – ט"ו.
79

תרשים ג – ט"ז.
80

ע"ח שכ"א פ"א דק"ג ע"ב ע"ב - דע הקדמה אחת, והוא כמו שנתבאר כי זווג דאו"א שהם בחינת ב' פרצופים
שנעשו מן בחינת חו"ב של כללות עולם האצילות, בהיותו נחשב כולו פרצוף אחד כנזכר בהרבה מקומות.
והנה זווגם תדיר ולא פסיק לעלמין, וגם דכחדא אינון נפקין וכחדא שריין, ואין הפרש בהם כי אמא גדולה

עומדת מתחת לרגלי הבינה, כמו רחל ולאה קשר של תפילין, **רק יוצאת מהחזה של בינה עצמה** ולמטה[82], וכמו שהתבונה מלבישה את הבינה כך ישראל סבא מלביש את החכמה, **וכמו רז"ל** הקטנה **היוצאת מהחזה דז"א**[83] לפי זה יוצא, כי כמו רחל הקטנה מלבישה את ז"א מהחזה ולמטה, ר"ל עד סוף רגליו, כך התבונה מלבישה את הבינה מהחזה עד סוף הרגלים שלה, **גם התבונה יוצאת** ר"ל מלבישה מחזה דבינה, **כי הבינה ארוכה בכל שיעור הזכמה** כי כחדא נפקין ושריין, **מה שאין כן למטה** בזו"ן, **כי לאה** שהיא קשר של תפילין מסתיימת בחזה דז"א ולא דומה לבינה, כי הבינה לא מסתיימת, ובמקום סיומה מתחילה התבונה, אלה התבונה מלבישה את הבינה מהחזה דבינה ולמטה,

---

כאבא, אשר זה הטעם דזווגם תדיר, משא"כ בזו"ן שאין זווגם תדיר, לפי שהנוקבא לפעמים גרועה וחסירה ממנו, ואין שווין, ואז אינה יכולה להזדווג עמו. והנה כן הענין בכל בחינות חו"ב פרטיות שיש בכל פרצוף ופרצוף, ששניהן שוין במציאותן, וזווגם תדיר.
81

בית לחם יהודה ש"ד פ"ג - נמצא כי התבונה אינה מתחלת אחר סיום הבינה רק יוצאת מחזה של בינה עצמה. היפך מזה כתב בפרק ב' דשער י', בעניין י"ד, בעניין לא נצרכה אלא למקום החתך יעו"ש, וכבר הקשה עלה התם הרב יפה שעה ז"ל והניח בצ"ע. והרב שמן ששון ז"ל תרץ התם בטוב טעם, והוא כי בודאי התבונה היא יוצאת תחת הבינה, כדוגמת יציאת רחל תחת לאה, אמנם כאשר נכללים בינה ותבונה ונעשים שניהם פרצוף אחד בלבד, אז תהיה התבונה מלבשת מחזה דבינה ולמטה, כמ"ש בסוף פ"ו דשער הנקודים, ובשער הקדמות ד"כ סוף ע"ד, ובריש פ"ד דשער כ"ה, יעו"ש. וע"י בפרק א' דשער ה' ד"ה כי כמו וכו'.
82

שער מאמרי רז"ל, כתובות - מאמר בגמרא מסכת כתובות פ"א דט"ו ע"א, וז"ל - ר' יהושע אומר לא מפיה אנו חיין, אלא הרי זו בחזקת מעוברת וכו', שמעתי ממורי זלה"ה כי חכם אחד קדמון שהשתתפות נסתפקו בתלמוד בג' מקומות ולא נתבאר להם פירושם, והחכם ההוא ביאר שתיהם, והשלישית לא ידע לפרשה, ואלו הם השתים שביאר האחד היא מה שאמר ר' יהושע לא מפיה אנו חיים, דהול"ל אינה נאמנת, וביאר כי הנה העולם מתקיים על שלשה דברים על הדין, ועל האמת, ועל השלום, שנאמר אמת ומשפט שלום שפטו בשעריכם, ולפי שהאשה הזאת משקרת בדבריה, לא מפיה אנו חיין, ומתקיים העולם. הב' הוא מה שכתר בפרק שני, דייני גזרות אדמון אומר הניח מעותיו על קרן הצבי, וביאר כי קבלה בידו שטבע הצבי להחליף קרנותיו, משבע שנים לשבע שנים, כדוגמת הנחש המפשיט עורו אחד לשבע שנים, וכשמחליף קרנות בסוף השנה השביעית, טומנה בארץ, באופן שאי אפשר לשום נברא בעולם למצוא אותם, ולכן נקט האי לישנא דהניח מעותיו על קרן הצבי. הג' היא מה שכתוב במסכת ראש השנה פ"ב, אמר רבי דוסא בן הרכינס, עדי שקר הם כו', ולמחר כריסה בין שיניה כו', וזה הביאור לא נודע אצלו. וזהו מה שביאר מורי זלה"ה, **כי הנה נתבאר אצלינו בדרוש בינה ותבונה, כי כשנכנס ז"א בתוך אימא בסוד העיבור, כללות בינה ותבונה ונעשות פרצוף אחד לבד, ונמצא כי המקום שהיה בתחילה בחינת הפה של התבונה, שם הוא עתה בחינת הבטן של כללות הפרצוף הזה, וזה הוא מה שאמר כריסה בין שיניה**, גם בזה תבין למה רז"ל מכנים את הבעילה בלשון דבור, כמ"ש ראוה מדברת עם אחד בשוק, ואמר לה מה טיבו של עובר זה וכו', ובגמרא רב אמר מדברת ממש, רבי אסי אמר נבעלת, וכן כינו אותה בלשון אכילה, כמש"ה אכלה מחתה פיה, כי היסוד של הנקבה היא בחינת פ"ה כנזכר.

גמרא ראש השנה דכ"ה ע"א - וערבית במערב, א"ר יוחנן בן נורי, עדי שקר הם, כשבאו לפנה קיבלן רבן גמליאל, ועוד באו שנים ואמרו ראינוהו בזמנו, ובליל עיבורו לא נראה, וקיבלן רבן גמליאל, אמר רבי דוסא בן הורכינס, עדי שקר הן, היאך מעידים על האשה שילדה, ולמחר כריסה בין שיניה.
83

תרשים ג – י"ז.

ומשם מתזלת רזל הקטנה, אשר הכתר שלה נמצא בחזה דז"א[84], יוצא כי סדר העמידה של לאה ורחל שהרב מדבר כאן, לא דומה לסדר עמידת בינה ותבונה. לאה ורחל שהרב מזכיר במקומות רבים שהם כמו בינה ותבונה, הם לאה הגדולה עם רחל הקטנה[85]. **נמצא עתה כי כמו שֹז"א הוא סוד יה"ו, שֹהם** הכתר

84

מכאן לומדים כי היחס בין בינה ותבונה, אינו דומה ליחס שבין לאה קשר של תפילין לבין רחל עקרת הבית. אלא בין לאה הגדולה לרחל הקטנה.

ע"ח ח"ב של"ח פ"ח דס"א ע"ג - ועתה נבאר בחינת התקשרות שיש בין לאה ורחל יחד, ובו יתבאר כמה פסוקים וכמה מאמרי רז"ל. והנה רז"ל פירשו על פסוק עקב ענוה יראת ה', מה שעשתה יראה עטרה לראשה, עשתה ענוה עקב לסולייתא. ביאור הדברים האלה, כי שורש נשים האלה של ז"א שהם לאה ורחל, נקרא ענוה ויראת ה'. ואמנם רחל נקרא יראת ה' ראשית חכמה, כי היא ראשית כל הספירות מתתא לעילא, והיא פתח לכולם, והיא הנקרא אשת חיל יראת ה', שהם סוד ושמתי כ"ד כ"ד שמשותיך שהם גימטריא חיל. אבל לאה נקראת ענוה, לפי שהיא למעלה באחורי רישא דז"א ונודע, כי הענוה ניכרת באדם בהשפל ראשו וכופפה למטה, נגד פני אדם מפני ענותנותו, ונכנס לפי מי שגדול הימנו. וז"ש והאיש משה ענו מאד, כי הנה נתבאר במקום אחר כי משה לקח צפורה, והיא אחת מן ד' בחינות שיש ללאה, וכולן נקרא לאה על שמה, וצפורה אחת מהם, שהיא ג"כ עומדת למעלה נגד דעת ז"א, והרי נתבאר איך משה לקח מדת ענוה העליונה. אבל רחל שהיא ה' תתאה הקטנה הנקראת יראה ה', זוטרתי היא לגביה משה, בסוד שם הגדולה לאה ושם הקטנה רחל. וזה סוד שארז"ל - ועתה ישראל מה ה' אלהיך שואל מעמך, כי אם ליראה, אטו יראה מילתא זוטרתי היא, והשיבו הן לגבי משה מילתא זוטרתי היא. וכבר נתבאר לעיל כי לאה יוצאת מן הארת המלכות דאמא המתלבשת בז"א בסוד מוחין. ואמנם הנה"י שלה הם נעשין לבושין דג' מוחין דחב"ד דז"א, אמנם המלכות דאמא אינה משמשת כלל לז"א, וזה סוד מה שארז"ל על ענין הז' רקיעין אשר תחתון שבהם נקרא וילון, אינו משמש כלום אלא יוצא ערבית, ונכנס שחרית. והענין הוא כי הרקיע הוא אשר נקרא דרך סתם רקיע, אשר בו קבועים חמה, ולבנה, כוכבים, ומזלות, והוא בחינת היסוד דתבונה שהוא הנקרא רקיע בכל מקום, והוא ו' זעירא בסוד נוטה שמים כיריעה, ובו קבועים חמה ולבנה וכו', לפי שכל האורות כולם יצאו משם כנודע, כי חמה ולבנה שהם זו"ן הם קבועים בו, ומשם הם יונקים, זה מן החסדים, וזה מן הגבורות, העמדין בדעת המלובש ביסוד דתבונה הזה. והנה הכוכבים הם אורות החסדים היוצאין משם ונופלין תוך יסוד דז"א כנודע, ומכים שם בכח ומתפזרים ונעשו ניצוצין דקין אשר הם סוד הכוכבים המאירים, וזה סוד ומצדיקי הרבים ככוכבים, כי מצדיקי רבים שרשם מן יסוד, הנקרא צדיק, והם מקבלין הארת הכוכבים של החסדים שבתוך היסוד, מאירין כמותן. ונלע"ד ששמעתי ממורי זלה"ה כי המזלות הן נקבות, והן מן ניצוצין הנעשין ביסוד מנפילת הגבורות, גם הם מלמעלה עד היסוד דז"א, ומכין שם ונופלין ומתפזרין ונעשין ניצוצין. והנה המלכות של התבונה היא הנקרא וילון, אינו משמש כלום אל ז"א, אמנם מאיר את הארתה ומוציאה לחוץ לצורך לאה העומדת מחוץ לז"א. ואם כן אחר שלאה יוצאת מבחינת מלכות זה של תבונה, אשר היא בחינת עטרה של היסוד שבה כנודע, וזכור זה. אם כן נמצא כי מקומה הוא בדעת ז"א, כי שם מקומה העיקרי, וגם לאה היוצאת מהארתה מוכרח הוא ששם מתחיל שיעור קומת הכתר שבה, עד למטה עד החזה הנ"ל. ואמנם רחל מתחיל הכתר שלה מהחזה ולמטה עד סיום רגלי ז"א ממש, **באופן כי בסיום רגלי ועקבי לאה משם מתחיל כתר רחל למטה מרגלי לאה.** וזה שארז"ל מה שעשתה יראה עטרה לראשה, עשתה ענוה עקב לסולייתא. ר"ל רגלים דלאה שהיא הנקרא ענוה, עשתה יראה שהיא רחל כתר לראשה כנ"ל.

גמרא ירושלמי, שבת פרק א' הלכה ג' - מה שעשתה חכמה עטרה לראשה עשתה ענוה עקב לסולייתה.

85

בכל שער אח"פ כאשר הרב ז"ל מזכיר את רחל, הוא מתכוון בכללות לרחל הקטנה, שהיא בחינת מלכות דז"א, והיא עטרת היסוד דז"א. ובפרטות הרב ז"ל מתכוון לרחל הקטנה שהיא מלכות דב"ן דז"א. רחל הקטנה, שהיא העטרה דז"א בכללות מלבישה את ז"א מהחזה, ולמטה, ובפרטות היא רחל הקטנה הנקראת מלכות דב"ן המלבישה את ו"ק דב"ן שהיא לאה הגדולה, הנקראת רחל עלאה, והיא הצד השמאלי דז"א.

כלל – הרב ז"ל מלביש שמות שונים לבחינות ו"ק דב"ן, שהוא צד הב"ן דז"א. לפעמים נקרא ז"א, לפעמים לאה הגדולה, רחל עלאה, הנוק' שבו, מלכות שבו, ב"ן שבו, ו"ק דב"ן, האודם שבו, נוקבא עלאה, ועוד שמות.

31

קוצו של י'. **זוחכמה ובינה שלו י"ה, והגוף ת"ת** שהוא חג"ת נה"י **שלו הוא ו', הרי כי ז"א הוא יה"ו, ואזור כך המלכות** שהיא עטרת היסוד, מקום המילה והפריעה, והנקראת רחל הקטנה **נמשכת מקצה התפארת שלו** כלומר מסוף התפארת דז"א ותחילת יסוד דז"א, עם כל זה בחינת הכתר דרחל מתחיל מהמחזה דז"א, **שהוא בנה"י שלו** כאשר ג' פרקין דנה"י מלובשים בכל ט' ספירות דרחל, **ושם הוא סוד ה' אזרונה שבשם, שהיא הבזזינה ד'** דשם הוי"ה **שלו** של ז"א, והיא בחינת איכות, כי מבחינת כמות המלכות היא חצי ז"א מהמחזה ולמטה.[86] **כנוז"ע.** הרב ז"ל כתב כי שם אהי"ה הוא

במקומות רבים משוה הרב ז"ל את היחס בין בינה לתבונה כמו היחס בין לאה הגדולה לרחל הקטנה. בדרוש זה הרב ז"ל עשה חילוק בין היחס של הבינה והתבונה, לבין היחס של לאה קשר של תפילין לבין רחל עקרת הבית. והתלבשות רחל הקטנה על לאה הגדולה, היא דומה בדיוק להתלבשות התבונה על הבינה.

ע"ח שי"ט פ"ט דצ"ה ע"א - והנה תראה כי עתיק כולל מ"ה וב', ושניהם זכר ונקבה פרצוף אחד, והנה אחוריים דמ"ה וב' באמצע זה הפרצוף, ופנים דמ"ה מצד אחד, ופנים דב"ן מצד השני, וב' בחינות אחוריים ביניהן. וא"א גם הוא זכר ונקבה מ"ה וב' פרצוף אחד, אלא שהוא באופן אחר, כי בכל חציו הימיני יש מ"ה בפנים ואחור, ובכל חצי שמאל יש ב"ן דפנים ואחור. אך באו"א יש מ"ה וב', אלא שהם ב' פרצופים דבוקים יחד תמיד פנים בפנים, דוגמת עתיק, וכל כך הם דבוקים עד שנחשבין שניהם לפרצוף אחד ונקרא אבא. וכן באמא היא כך כי הם ב' פרצופים דמ"ה וב' אלא שהם דבוקים מאד פנים בפנים, דוגמת עתיק כנ"ל, ובזו"ן יש גרעון אחר, כי כל מה שהולכין הפרצופים ויורדין ממדרגתן מתגלה מאד פירודם, בחינת המ"ה מבחינת הב"ן, ולכן נתוסף פירוד בחלק מ"ה וב' שבזו"ן, והענין כי הז"א כולו בחינת מ"ה, והנוקבא כולה בחינת ב"ן, והם נפרדים לזמנים אב"א, ולזמנין פב"פ. והנה דוגמת או"א הם ז"א ורחל השוין בקומתן, ודוגמת יש"ס ותבונה הם יעקב ורחל הקטנים מהמחזה דז"א ולמטה, והבן זה. ודע כי יש יעקב שהוא חצי תחתון דז"א והוא המזדווג עם רחל הקטנה, ויש יעקב ולאה בחינת האחוריים דאו"א. כלל העולה כי יש עתיק וא"א דמ"ה, ועתיק וא"א דב"ן, וכנגדן ממש אבא ויש"ס דמ"ה, בינה ותבונה דב"ן, וכנגדן ממש ז"א ויעקב דמ"ה, רחל ולאה)ס"א רחל(דב"ן, הרי)הם ג' בחינות)שהם ד' ד' ד'(, כי כך הוא א"א דכורא לגבי עתיק דכורא, כמו יש"ס לגבי אבא, וכמו יעקב לגבי ז"א, וכן כך הוא נוקבא דא"א לגבי נוקבא דעתיק, כמו תבונה לגבי בינה, **וכמו רחל הקטנה לגבי רחל עלאה.** נמצא כי כשנחבר כל הבחינה יהיה ג' בחינות דזכר ונקבה. והם א' עתיק ונוקבא, ובהם נכללין א"א ונוקבא. ב' או"א ובהם נכללין יש"ס ות. ג' זו"ן ובהם נכללין יעקב ורחל. וכשתחברם באופן אחר יהיה א"א ונוקבא דעת הכולל, חו"ג מכריע בין החו"ב שהם עתיק ונוקבא. וכן ישסו"ת הם ת"ת מכריע בין או"א, שהם חו"ג. וכן יעקב ורחל הם יסוד המכריע בין נ"ה שהם זו"ן, כנודע דאיהו בנצח ואיהי בהוד, והבן זה מאוד.

תרשים ג - י"ח.

ע"ח ח"ב ש"מ פ"ז דפ"ב ע"א - ואז היה הז"א ו"ק גמורים, והיא קצה אחת גמורה, אח"כ גדל ז"א י"ס גמורים, ובא לו נשמה, ואז היא נגדלת בבחינת רוח בפעם אחת, כי אותו המדה של י' מלכיות הנ"ל נעשו י"ס כנודע מא"כ דאטב"ח, והרי עתה הם אב"א, אך עדיין אין בה רק נפש ורוח, כי הרי **היא עדיין מן החזה ולמטה,** ששם הוא בחינת הרוח, כי עד החזה עומדת היסוד דבינה הנקרא נשמה כנודע, גם כי הרי אינה לוקחת מהבינה עצמה אלא מן הז"א עצמו הנקרא רוח, וגם שהיא למטה מהמחזה כנ"ל, שאין שם בז"א עצמו רק רוח, ולכן לא הגיע אליה רק רוח רוח שלה, כי הנשמה שלה ניתנה למלכות של ז"א)צד הב"ן שבו(עצמו כנ"ל. ואח"כ יצאו המוחין וניתנו אליה עצמה ואז נגדלה היא כל האחור, כי כבר יש בה נשמה כמוהו, **ודע והבן מאד כי אז כל בחינת מלכות דז"א עצמו שהוא ב"ן שלו,** כנזכר במקום אחר, **הוא דוגמת בינה עליונה והיא דוגמת תבונה.** וכל אחוריים שלו ננסרין וניתנין אליה, ועי"ז נשלמה, כי היא דוגמת התבונה הנעשית פרצוף גמור בהתחברה עם הבינה.

בבינה, ושם ס"ג הוא בתבונה, כאן הרב מחלק את שם הוי"ה כמו שהוא חילק את ז"א והמלכות שלו. יוצא מזה שהרב מדבר כאן על חלוקת פרצוף התבונה, שהיא התבונה הראשונה, שהיא בעצמה מתחלקת לבינה ותבונה דתבונה, **כן התבונה** שהיא תבונה דתבונה, הנקראת תבונה שניה, היא **אות הד'** שבשם ס"ג **של הבינה** דתבונה הראשונה, **והיא ה' אזרונה שבשם**[87] ס"ג, **כי גם היא אין בה רק כללות נה"י דבינה** דתבונה, כלומר התבונה מלבישה על הנה"י דבינה, [די"ט ע"ב 37] **אשר שם הוא ה' אזרונה** דהוי"ה, שהיא בעצם ה"י דהוי"ה, **נמצא כי יה"ו** דס"ג, שהם בעצם יו"ד ה"י וא"י דס"ג **הוא ראש והגוף** כח"ב חג"ת נה"י **של הבינה** דתבונה, **ותבונה היא** אות ה' **אזרונה** שהיא ה"י של ס"ג, **שנאזזת בנה"י דבינה** ר"ל מלבישה לנה"י דבינה דתבונה, וכתר דתבונה דתבונה מלביש מהחזה עד הנה"י דבינה דתבונה.◆

והנה[88] **נמצא כי שם ס"ג שכולל בינה ותבונה, הנה אותיות יו"ד**, יש כאן טעות סופר ה"ו וצ"ל ה"י, **וא"ו** דס"ג **הם בבינה** דתבונה, **ואות ה"י אזרונה היא בתבונה** דתבונה.◆ **וגם דע כלל אזור, כי כפי האמת בענין הכמות** ולא האיכות, **כל**[89] **כך גדול שיעור מהחזה ולמטה** שהיא התבונה המלבישה על החלק התחתון דבינה, **כמן הזזזה**

ז"א נפרט לי"ס, כאשר קוצו של י' הוא הכתר, י' חכמה, ה' בינה, ו' חג"ת נה"י, ה' מלכות דז"א. אותיות יה"ו הם בחכמה, בינה, וחג"ת נה"י, ואות ה' האחרונה היא בחינת עטרת היסוד דז"א. לכן כתב הרב ז"ל בשער הכוונות כאשר יזכיר האדם שם הוי"ה, צריך לכוין לצייר בתוך הה' האחרונה דהוי"ה אותיות אדנ"י.

תרשים ג – י"ט.

שער הכוונות ד"ג ע"ב - הקדמה אחת קטנה, הנה בכל פעם שאתה מזכיר ומברך ומוציא מפיך שם ההוי"ה בכל מקום, תכוין לכלול ביחד הוי"ה אדנ"י, לפי כי בכתיבתו הוא הוי"ה ובקריאתו הוא אדנ"י כנודע, גם צריך לכוין בכל פעם שתוציא מפיך שם הוי"ה בכל מקום, שיהיה הזהר לכוין בזה, כי הוא סוד קשר המלכות עם ז"א, באופן זה - כי הנה כתוב בשם הוי"ה ותכוין כי ג' אותיות יה"ו הוא ז"א, וה' אחרונה שבשם שהיא מלכות, תכוין שנעשה שם שלם, שהיא שם אדנ"י, באופן שתצייר שם הוי"ה בלבך, ותכוין בה' אחרונה לשם אדנ"י שהיא הנוקבא, והיא ה"א אחרונה של ההוי"ה.

תרשים ג – כ.

---

[87]

כמו ז"א הנחלק לט' ספירות עליונות שהם יה"ו שבשם הוי"ה, והמלכות שלו היא אות ה' דהוי"ה, המלבישה את ז"א מהחזה ולמטה. כך גם הבינה דתבונה היא אותיות יוד ה"י וא"ו דס"ג, ותבונה דתבונה היא אות ה"י דש ס"ג.

תרשים ג – כ"א.

[88]

בית לחם יהודה ש"ד פ"ג - והנה נמצא כי שם ס"ג שכולל בינה ותבונה. פרוש נמצא כי שם ס"ג שזכרנו לעיל שהוא למעלה ממלכות דתבונה.

[89]

בית לחם יהודה ש"ד פ"ג - כל כך גדול שיעור מהחזה ולמטה כמן החזה ולמעלה. כי לכאורה היינו סוברים דמן החזה ולמעלה הוא יותר גדול, לפי שיש שם ששה ספירות ושליש עליון דתפארת, כמ"ש רז"ל בסמוך. אבל מחזה ולמטה ליכא כי אם ב' שלישי תפארת, וג' ספירות דנה"י, משום הכי אמר כי כל כך גדול וכו', מטעם שהרגלים הם ארוכים.

וּלְמַעְלָה שהוא גודל חלק הבינה שלא מתלבשת בתבונה, **אִם**[90] **כֵּן הָיָה רָאוּי שֶׁתְּבוּנָה תִהְיֶה מֵחֲצִית הַבִּינָה** ולכן היה צריך שהבינה תיקח חלק מהאות וא"ו דס"ג, **אֲבָל בְּעִנְיַן הָאֵיכוּת** התבונה **אֵינָהּ רַק רְבִיעִית** הבינה דתבונה, **שֶׁהֲרֵי ג' אוֹתִיּוֹת יָה"וּ מֵהֶחָזֶה וּלְמַעְלָה, וְאוֹת ה' אַחֲרוֹנָה, הִיא מֵהֶחָזֶה וּלְמַטָּה** שהיא בחינת התבונה המלבישה את הבינה[91]. **נִמְצָא עַתָּה כִּי יֵשׁ ב' בְּחִינוֹת** אחת של כמות, ואחת של איכות. **כִּי בְּעֵרֶךְ הָאֵיכוּת נִמְצָא הַתְּבוּנָה** דתבונה **הִיא רְבִיעִית שֶׁל בִּינָה** דתבונה, כי היא רק אות אחת משם הוי"ה, שהיא אות ה' האחרונה, ומילוי אות ה' דס"ג, שהיא ה"י דס"ג, **וּבְעֵרֶךְ הַכַּמּוּת הִיא מֵחֲצִית שֶׁל בִּינָה** מפני שהיא מלבישה את חצי התחתון של הבינה[92]. **גַּם יֵשׁ מְצִיאוּת אָזֹר ג', וְהוּא שֶׁכְּמוֹ**[93] **שֶׁלִּפְעָמִים עוֹלָה רָזַ"ל** הקטנה **לִהְיוֹת בְּכָל פַּרְצוּף ז"א**[94], **כָּךְ**[95] **זֹאת הַתְּבוּנָה**

---

[90]

בית לחם יהודה ש"ד פ"ג - אם כן היה ראוי שהתבונה תהיה מחצית הבינה. כלומר וראוי שיתחלק הוי"ה דס"ג לב' חלקים, אחד גדול, ואחד קטן, באופן זה - כי מ"ב חלקים מהס"ג שהם עד סיום **הא'** דמלוי הוא"ו יהיו בבינה, לפי שאורך הבינה הוא כפלים מאורך התבונה, ומאות הו' האחרון עם אות ה"י האחרונה שהם גימטריא כ"א יהיו בתבונה, ואמאי אות ה"י לבדה היא בתבונה.

[91]

חלוקת שם הוי"ה בכל מקום היא בצורה זאת, קוץ של י – כתר, י - חכמה, ה - בינה, ו – חג"ת נה"י, ה – מלכות. חלוקה זאת היא גם בפרצופים, וגם בעולמות.

[92]

הרב ז"ל כתב בשער א' כי יש לנו רשות להמשיל דברים רוחניים בחלקי גוף האדם, ובאותיות. בסוגיה זאת הרב ז"ל המשיל את הלבשת הבינה בתוך התבונה גם בבחינת משל הגוף, וגם בבחינת משל האותיות. את המשל בגוף האדם הוא המשיל מבחינת כמות, שהוא מהחזה ולמטה, ובאיכות הוא המשיל את הבינה שהיא בחינת ג' אותיות יה"ו, והתבונה אות ה'. יוצא בכמות התבונה היא מחצית הבינה, ובאיכות רביעית הבינה.
ע"ח ש"א ענף ה' די"ד ע"ג - ואמנם דבר גלוי הוא כי אין למעלה גוף ולא כח גוף חלילה. וכל הדמיונות והציורים אלו לא מפני שהם כך חס ושלום. אמנם לשכך את האוזן, לכשיוכל האדם להבין הדברים העליונים הרוחנים, בלתי נתפסים, ונרשמים בשכל האנושי, לכן ניתן רשות לדבר בבחינת ציורים ודמיונים, כאשר הוא פשוט בכל ספרי הזוהר. וגם בפסוקי התורה עצמה, כולם כאחד עונים ואומרים בדבר הזה, כמו שאמר הכתוב עיני ה' המה משוטטים בכל הארץ. עיני ה' אל צדיקים. וישמע ה'. וירח ה'. וידבר ה'. וכאלה רבות, וגדולה מכולם מה שאמר הכתוב - ויברא אלהי"ם את האדם בצלמו, בצלם אלהי"ם ברא אותו, זכר ונקבה וגו'. ואם התורה עצמה דברה כך גם אנחנו נוכל לדבר כלשון הזה, עם היות שפשוטו הוא שאין שם למעלה אלא אורות דקים בתכלית הרוחניות, בלתי נתפשים שם כלל, וכמו שאמר הכתוב - כי לא ראיתם כל תמונה, וכאלה רבות. ואמנם יש עוד דרך אחרת כדי להמשיך ולצייר בה הדברים העליונים, והם בחינת כתיבת צורת אותיות, כי כל אות ואות מורה על אור פרטי עליון, וגם תמונת זו דבר פשוט הוא כי אין למעלה לא אות, ולא נקודה, וגם זה דרך משל וציור לשכך את האוזן, כנזכר. ולכן נבאר עתה הקדמה הנזכר על דרך ציור האותיות, **גַּם כֵּן וּבִבְחִינַת צִיּוּרִים אֵלּוּ הֵן הֵן צִיּוּר הָאָדָם, וְהֵן צִיּוּר אוֹתִיּוֹת, שֶׁתֵּיהֶן מֻכְרָחִים לְהָבִין עִנְיַן הָאוֹרוֹת הָעֶלְיוֹנִים,** כאשר תראה ספרי הזוהר בינים על שתי בחינות הציורים האלה, עכ"ל.

[93]

בית לחם יהודה ש"ד פ"ג - והוא כמו שלפעמים עולה רחל להיות בכל פרצוף ז"א. כנזכר בריש פרק י' דשער י"ט ובפרק א' דשער כ"ט.

[94]

הִיא לפעמים שָׁוָה בְּאָרְכָּהּ כְּמוֹ הַבִּינָה עַצְמָהּ, וּמִתְלַבֶּשֶׁת[96] בִּינָה בִּתְבוּנָה, וְהֵם שָׁוֹות. הֲרֵי שְׁלֹשָׁה מְצִיאוּת, אוֹ שָׁוֶה כְּמוֹ הַבִּינָה[97] בשעה שנותנים מוחין דגדלות, אוֹ בַּמְּחָצִיתָהּ[98] בכמות, אוֹ רְבִיעִית[99] באיכות.

בסוגיה זאת הרב דורש על ענין נתינת מוחין בעולמות אח"פ, ובגלל שהרב מדבר בשורשים לעולם האצילות, שהם אורות בתכלית הרוחניות, הרב לא דורש בפרצופים, אלא רק באותיות, שהם רמזים יותר דקים. **וְהִנֵּה הַתְּבוּנָה** שניה[100] שבאצילות **מִתְפַּשֶּׁטֶת בּוֹ"א** דאצילות, ונותנת לו מוחין, גם שורש תבונה דתבונה **שֶׁהִיא מִן הָאֹזֶן** שמאל, נותנת מוחין **אֶל הַחוֹטֶם** שהוא שורש ז"א[101]. **וּכְבָר בֵּאַרְנוּ שֶׁתְּבוּנָה** דתבונה, הנקראת תבונה שניה **הִיא ה' אַחֲרוֹנָה שֶׁבֵּס"ג** והיא ה"י, **וְשִׁיעוּר** הקומה **סוֹד הַתְּבוּנָה שְׁלֹשָׁה הֲהִי"ן**[102], שֶׁהֵם ה"י אַחֲרוֹנָה דס"ג, וה"י גִּימַטְרִיָּא ג' הֲהִי"ן שהם ה' ה' ה',

---

כי בדרך כלל רחל נמצאת בנה"י דז"א, לפעמים היא עולה לחג"ת דז"א, ולפעמים לחב"ד, ולפעמים בכל אורך ז"א, כמו בקדושה כתר דמוסף דשבת. בפרטות מדובר על רחל הקטנה המלבישה את לאה הגדולה, ועל יעקב הקטן המלביש את ישראל.
95

בית לחם יהודה ש"יד פ"ג - כך זאת התבונה היא שוה בארכה כמו הבינה עלמה. נלע"ד שזהו בזמן שעולה הז"א, ומעלה את ב' התבונות עמו למעלה, שאז נקרא ד' דשער ט' בבינות, כמ"ש בפרק ד' דשער ט"ו, אבל בזמן עיבור א', או בזמן עיבור ב' למוחין, אעפ"י שנכללים בינה ותבונה יחד בפרצוף אחד, כמ"ש בפרק ח' דשער י"ד, מכל מקום לא תהיה התבונה שוה בארכה לבינה, אלא מלבשת מחזה ולמטה, כמבואר בסוף פרק ג' דשער ט', ובפרק ה' דשער ט"ו, ובפרק ג' דשער ט"ז, ובשער הקדמות דנ"ב ע"א, ודף נ"ו ע"ב, ובפרק ד' דשער י"ט. ובריש פ"ד דשער כ"ה. ודלא כמ"ש הרב שמן שמן באות ו' שבזמן הזווג היא שוה כמו הבינה, יעו"ש. ועוד עיין בדברנו בסוף פרק י"ב דשער ט"ל ד"ה גם אפ"ל וכו', מש"ש.
96

בית לחם יהודה ש"יד פ"ג – ומתלבשת בינה בתבונה. מלשון זה מבואר שהבינה היא מתלבשת ממש בפנימיות התבונה, כדרך שמתלבשין נה"י דאימא תוך ז"א, וכך כתב בפרק ו' דשער י"ד, ובפרק ג' דשער ט"ז, ובריש פרק ד' דשי"ט, יעו"ש. והיפך מזה כתב לעיל שהתבונה היא יוצאת מהמחזה של בינה עצמה, כמו רחל היוצאת מחזה דז"א, וכו'. וכן כתב בפרק ו' דשער ט"ו, ובמבוא שערים ד"ל סוף ע"ב, יעו"ש. שמזה מבואר שהתבונה היא יוצאת מאחורי הבינה, ואינה מתלבשת בה. וכבר כתבנו בפרק ו' דשער ט"ו ד"ה הוא שהעליון וכו', ובפרק ג' דשער ט"ז ד"ה כי שם הוא וכו', שהם ב' שמועות, וספוקי מספקא למהרח"ו ז"ל בהו, וכותב שתיהם יעו"ש.
97

הגהות וביאורים)ו(- פרוש בעת הזיווג.
98

הגהות וביאורים)ז(- פרוש בכמות, ולא באיכות.
99

הגהות וביאורים)ח(- פרוש באיכות.
100

לא כולה, אלא הנה"י שלה.
101

כמו שבעולם האצילות הנמצא מהטבור דא"ק ולמטה, ז"א מקבל את המוחין שלו דרך פרצוף התבונה. כך החוטם שהוא שורש ז"א, מקבל מוחין דרך הבל האוזן, שהוא שורש התבונה.
102

כבנין ה"י ט"ו. וה[103] הג' מהג' ההי"ן אלו שהיא ה' השלישית , הנקראת תבונה שלישית מתפשטות בז"א. והענין כך, כי הנה נה"י דתבונה השניה, שהיא התבונה השלישית מתפשטות צ"ל מתפשטים בז"א, ונה"י הם שליש גופא של התבונה השניה, כי הם ג' זולקים בתבונה השניה שהם כזח"ב, זזג"ת, נה"י. והנה נה"י הוא שליש תחתון של התבונה השניה שהיא ה' הג' ר"ל השלישית מג' ההי"ן והיא נקראת תבונה שלישית הנ"ל, נתפשטה בז"א ובשורש הוא נקרא חוטם, ונשאר צ"ל ונשארו למעלה בתבונה השניה ב' ההי"ן והם כח"ב וחג"ת, ומה שהיתה תזלה ה"י דס"ג, שהיא ה' במילוי יו"ד, עתה נזלק המלוי שהוא י' לב' ההי"ן. ונשאר זזצי למעלה בחלק העליון של התבונה השניה, הנקרא בינה דתבונה השניה ה' ה', וזזצי למטה בחלק התחתון של התבונה השניה, הנקרא תבונה שלישית ה', ונשאר[104] שם של ס"ג למעלה שלם. רק שה' אזרונה של ה"י דס"ג מלאה ה"ה כי החלק השלישי של ה"י שהוא ה', והוא התבונה השלישית, והנה"י דתבונה השניה שהיא התבונה השלישית התפשט בז"א, ונשאר שם ס"ג בתבונה הראשונה כזה יו"ד ה"י וא"ו ה"ה[105] והוא נקרא שם נ"ח[106], בגמטריא אזן.

אמנם סוד ה' הג' שהיא התבונה השלישית הם ג' קוים נה"י, שצורתה כזה ה' הקו העליון של ה' רומז לדת"י, הקו הימני של ה' רומז לחח"נ, הקו השמאלי של ה' רומז לבג"ה[107] המתפשטים

פרצוף התבונה השניה, שהיא ה"י דס"ג מחולק לכח"ב חג"ת נה"י, ושעור ה"י הוא ג' ה', כזה – ה' ה' ה'. כאשר ה' הראשונה היא כח"ב, ה' שניה היא חג"ת, ה' שלישית נה"י. ה' השלישית שהיא הנה"י דתבונה שניה נקראת תבונה שלישית.
תרשים ג – כ"ב.
103

בית לחם יהודה ש"ד פ"ג - וה' השלישית מהג' ההי"ן אלו מתפשטת בז"א. זאת ה' הג' היא בחינת ס"ג התחתון, ושני ההי"ן הראשונים שהם כח"ב וחג"ת, הם בחינת אהי"ה התחתון, הנזכר בתחלת דבריו לפי פירוש השני.
104

בית לחם יהודה ש"ד פ"ג - ונשאר שם של ס"ג למעלה שלם. רק שה' אחרונה מלאה ה"ה, כזה יו"ד ה"י וא"ו ה"ה, והם גימטריא נ"ח. ולפי זה מבואר שגם הבינה הנזכרת לעיל שהיא אותיות יו"ד ה"י וא"ו, הם בכלל הנ"ח דס"ג. וכל זה הוא למטה מאהי"ה התחתונה, הנז"ל לפי פירוש הראשון.
105

תרשים ג – כ"ג
106

בכללות יש ארבע מילואים לשם הוי"ה, שהם ע"ב, ס"ג, מ"ה ב"ן. בפרטות יש י"ג מילואים לשם הוי"ה, הרומזים לי"ג תיקוני דיקנא, והם ע"ב, ס"ז, ס"ג, ס"ב, נ"ח, ז"ן, ד"ן, ג'"ן, ב'"ן, מ"ט, מ"ח, מ"ה, מ"ד. יש עוד שמות שהם בפרטי פרטות
תרשים ג – כ"ד.
שמות אלו הם סוד י"ג תיקוני דיקנא.
תרשים ג – כ"ה.
107

תרשים ג – כ"ו.

בחח"נ בג"ה דת"י שבז"א, וזה[108] **סוד ה"ה שיש בנוקבא דפרדשקא[109] שירדה מן**
האזן אל ז"א, שהוא הזוטם הרב ילמד במקום אחר איך יש בחינת ה' ה' בשני הנחיריים ימין ושמאל
שבחוטם[110]. **והנה ענין ה' זו שירדה, היא בבזינתה ס"ג** ר"ל השורש שלה מס"ג, ואות ה' הזאת
היא ס"ג, **לפי שה' זו מתפשטת בו"ק** העליונים[111] **דז"א** דא"ק שהוא החוטם דא"ק, **שהם**

<hr>

108

בית לחם יהודה שי"ד פ"ג - וזה סוד הה' שיש בנוקבא דפרדשקא. הנזכר באד"ז דרפ"ט ע"א, ובמבוא שערים
דכ"ה ע"ג בתיקון הז'.

109

נוקבא פרדשקא הוא מוסג תלמודי הנזכר במשנה, ותרגומו עמוד חלול, כך גם החוטם עצמו נראה כמו צינור
חלול)בכל צד של החוטם(. כלומר החלל הנמצא בחוטם, הנקרא נחיר האף, נקרא בלשון הרב ז"ל נוקבא
פרדשקא. הרב ז"ל דן בסוגיא זאת בהרחבה בשי"ג פ"ו, ופי"ב.
משנה אהלות פ"ו משנה ז' – כלים שתחת הפתח טהורים. רבי יוחנן בן נורי מטמא. והכלים שתחת הפרח,
אם יש שם פותח טפח, טמאין. ואם לאו, טהורין. **שני פרדסקים זה בצד זה**, או זה על גב זה, נפתח אחד מהן,
הוא והבית טמא, וחבירו טהור, ורואין את הפרדסקין כאילו הוא אטם, ידון מחצה למחצה להביא את הטומאה
לבית.
ומפרש **הרע"ב** – פרדסקים, עמודים חלולים נתונים בכותל הבית ובהן חלונות חלונות ויש להן דלתות,
וטומאה תחת אותם עמודים.
ע"ח שי"ג פ"ו דס"ג ע"ד - אמנם מציאת ז' תקוני גולגלתא דא"א הנזכר בספ"ד הם כך. גלגלתא א', טלא
דבדולחא ב', קרומא אוירא ג', עמר נקא ד', רעוא דרעוין ה', פקיחא עלאה ו', תרין **נוקבין דפרדשקא** והוא
חוטמא ז'.
ע"ח שי"ג פי"ב דס"ז ע"ד - ואורות דחוטם נמשכין עד הפה ושם מתלבשין תוך אורות הפה, ונעשים אורות
הפה בבחינת או"מ אל האורות החוטם, ומלבישין אותן, ואם תסתכל כל זה הוא בבחינת אורות אח"פ דא"ק,
היוצאין אל הנקודים, שהוא דמיון זו"ן ודי בזה. ואמנם פנימית החוטם הוא ס"ג כי ה' ה' ראשונה בנוקבא
דפרדשקא בצד ימין, כנזכר באדר"ז ה' על י', כסדר כל מ"ן)ומתמן נשיב רוחא דחיי לז"א ו"ד הוא
רוחא דגניז והה' הוא הנקב(, ובצד שמאל היא ה' שניה)ונשיב מתמן רוחא דחיי לנוקבא(, והוא"ו הוא הכותל
המפסקת.

110

נתינת מוחין לז"א תמיד נעשית על ידי התבונה אשר היא בעצמה מלבישה בתוכה את ישראל סבא. וכאשר
הרב ז"ל מדבר על התבונה, צריך לדעת שבתוך התבונה מתלבש יש"ס. והם ביחד נותנים את המוחין. לכן הרב
ז"ל מדבר על ב' בחינות של ה'.
ע"ח ח"ב שכ"ה פ"א ד"ב ע"ג - ואמנם אלו מוחין יוצאין מרחם תבונה ראשונה שהיא הב', ונתלבשו בו"ס
של תבונה הב' שהיא הג', כנ"ל. והם כחב"ד ח"ג דתבונה זו, שהוא עד החזה שבבחינה עצמה, **וכבר ידעת כי**
כפי סדר התחלקות התבונה הוא ג"כ התחלקות החכמה וממילא יובנו. נמצא כי גם כן יש בחינת מוחין
אחרים שנתלבשו בחכמה הג' של החכמה בו"ס ראשונות שבה, שהוא עד החזה שבה. נמצא כי ב' צלמים זכר
ונקבה זו בחינת חיה, וזו בחינת נשמה, וצלם אבא נעשית נשמה אל צלם דאמא, ומתלבש בתוכו ונעלם שם,
לכן תמיד אין אנו מדברים אלא בצלם דאמא וממנו יתבאר צלם אבא וזכור ואל תשכח.
תרשים ג – כ"ז.

111

בדרך כלל שאומרים ו"ק דז"א הכוונה היא על חג"ת נה"י, בסוגיא זאת של נתינת מוחין, הרב ז"ל קורא לשש
ספירות העליונות דז"א ו"ק. עוד סיבה שהרב ז"ל לא מזכיר את תנה"י, מפני שהם מכוסים על ידי המלכות
המלבישה את ז"א מהחזה ולמטה, וכאן הרב ז"ל מדבר על החלק המגולה של ז"א שהוא כחב"ד ח"ג.
תרשים ג – כ"ח.

כזוב"ד כתר, חכמה, בינה, דעת, **זז"ג** חסד, גבורה, **הרי ו' ספירות. וצורת ה' זו הוא ד"ו**[112], שהם **גימטריא י'** כי ד' עם ו' הם מספר עשר, **הרי יפ"ו**[113] ר"ל י' שהיא מספר ד' ו', כפול ו' ק העליונים דז"א, ביחד הם **גימטריא ס'** שהם מספר שישים, **ועוד לוקזזת יסוד** דתבונה שיורד לתת מוחין לז"א **שלה, שליש** העליון **של הת"ת דז"א**, שהוא עד **עד הזזזה**[114] מלמעלה ותפארת דז"א הוא בעל י' ספירות פרטיות,   **ושיעור שליש בן י' הוא ג', הרי בין הכל ס"ג** שישים

112

יש שלוש צורות לאות ה', האחת היא אות ד' ובתוכה אות י', האחת אות ד' ובתוכה אות ו', ואחת היא בצורה של שלושה ו', כזה ו' ו' ו', כאן הרב ז"ל מדבר על ה' שצורתה היא ד' עם ו'.

ע"ח ח"ב של"ט פ"ה דע"א ע"ד - ונבאר ענין ציורין אלו, שהנה נודע שאות ה' בציור ד"ו מורה על בחינת הבינה אשר היא מתעברת בבן זכר בתוכה, ובהיות הזכר בתוכה אינו רק בחינת ו"ק, **לכן צורתה ד"ו** ד' על ו', גם הד' רומזת אל הנוקבא אשר שם היא עמו, בבחינת עטרת בעלה, ששם הוא עולם הבא, אשר צדיקים יושבין ועטרותיהן בראשיהן, וזהו ד' על ו' גם כן. אמנם אחר שנולד ויצא ממנה בסוד ו' שבשם הוי"ה, ואז יונק משדי אמו בהיותו בחוץ, ועל כן בחינה זו דיניקה אינה רמוזה באות ה', רק בחינת עיבור א', שהוא בתוך אמו, שהוא ה' בצורת ד"ו. אחר כך הוא בחינת עיבור ב', לתת לו מוחין, ונשלם ז"א לי"ס, **וזה נרמז בה' שצצורתה ד"י** שהוא ד' על י', ועל כן אנו מציירין ההי"ן הללו ד"י ד"י, ונותנין מעתה כח אל הטפה הנ"ל, הנמשכת עתה דרך שם, כדי שיהיה כח אחך כך בולד שהיא הנשמה, להיות בב' עיבורים הנ"ל, הא' והב', אלו הם בחינות ק' ברכאן שמקבלת הטפה בעוברה דרך ב"ן, זה שבבינה ביסוד שבה, ואחר כך יורדת בחינה זאת בז"א עד היסוד שבו.

ע"ח ש"ד פ"ד די"ט ע"ב - אמנם סוד ה' הג' הם ג' קום נה"י, שצורתה כזה ה' המתפשטים בז"א.
שער הכוונות, דרושי תוספת שבת דרוש ג' - ומה שתכוין בברכו את ה' המבורך, הוא שתכוין במלת המבורך שהיא ה', מ"ב, ר"ך, פירוש כי אות הה' תעשה בחינת מ"ב, ובחינת רך. והענין הוא, כי הנה ג' מיני ציורים מצטיירת אות ה', והם **ד"י ד"ו ו"י**, וג' ציורים אלו הם בגימטריה מ"ב.
שער הכוונות, דרושי פסח, דרוש ה' - והנה המצה הוא בסוד שתי מוחין הנקראים חו"ב, ואע"פ שהם של קטנות, אין שום אחיזה אל הקליפה, ונקרא מצה שמורה, כי הוא שמורה מן המזיקין, וכמש"ז על פסוק ליל שמורים הוא לה'. ולכן מצה היא בגימטריא ע"ב ס"ג, שהם סוד חו"ב שתי המוחין, ואמנם היו שלשה מצות, **לפי שאות ה' יש בה ג' ציורים או ד"ו או ד"י או ו"י כנודע**. ושלשה ציורים אלו הם בה' זו שבשם אלקים הנ"ל, והנה כנגד ציור **ד"י** אנו בוצעין המצה העליונה להמוציא, שהוא י' שלימה, וכזית מן המצה הפרוסה שהיא סוד ד' כמו שיתבאר. וכנגד ציור **ד"ו** אנו בוצעין מצה האמצעית, לב', וצריך שהחלק האחד יהיה יותר גדול, כנגד הו', והחלק הב' יהיה יותר קטן כנגד ד'. וכנגד ציור **ו"י** אנו עושים זכר למקדש, כהלל כו', במצה שלישי שהיא רמז אל שלשה ו"ו הנזכר, וכן הוא מצה שלישי.
תרשים ג – כ"ט.

113

יפ"ו – י' פעמים ו' שזה ס', כלומר 60.

114

כאשר מתלבש נה"י דתבונה בתוך ז"א)בסוגה זאת,(, נצח דתבונה מתלבש בחכמה וחסד דז"א, ובעצם נצח דתבונה מתלבש בכל צד הימין דז"א, הנקרא חח"ן. הוד דתבונה מתלבש בבינה וגבורה דז"א, ובעצם הוד דתבונה מתלבש בכל צד שמאל דז"א, שהוא בג"ה. והיסוד דתבונה בגלל שהוא קצר, ומבשרי אחזה אלו"ה, רואים כי היסוד של הנקבה או קצר ביחס ליסוד של הזכר, מתלבש בכתר ודעת, והחלק התחתון של יסוד התבונה, הנקרא עטרה מתלבש בשליש העליון של התפארת דז"א. עד מקום שמלכות דז"א מלבישה את ז"א מהחזה ולמטה. כמובן שגם נה"י דיש"ס מתלבשים בתוך הנה"י דתבונה, ושתהם בתוך ז"א. היסוד של ישראל סבא מגיע עד היסוד דז"א, בגלל שהוא ארוך מהיסוד דתבונה.
תרשים ג – ל.

מו"ק העליונים דז"א, ושלוש משליש העליון דתפארת דז"א, ביחד הם שישים ושלוש, הרי ס"ג, **הרי מבואר** איך **ה' זו שהיא מתפשטת בו"א, היא מציאות ס"ג עצמו** ר"ל שאות ה' שהיא התבונה השלישית, המתפשטת תוך ז"א היא בעצמה ס"ג.[115] **ולעולם יהא בידרך זה הכלל** וכלל זה כמו שאדם מדליק נר מנר, הרי לא נחסר כלום מהנר הראשון, **כי לעולם** בכל **בדבר רוחני, כאשר עולה** או יורד למטה, **נשארה הבחינה** העליונה **שלימה במקומה, ואין שום דבר נגרע למעלה** מאותו אור, או אותו שם, והוא נשאר למעלה באותו איכות, גם אחרי נתינת המוחין, **וגם למטה** בפרצוף שמקבל את המוחין **יש לה** את **כל הבחינה עצמה** של אותו אור או אותו שם שירד לתת מוחין, וההבדל יהיה האיכות האור, אחרי שירד והתלבש בפרצוף התחתון למטה, וכל הציורים האלה הם רק להראות את איכות וכמות האור בין פרצוף לפרצוף **וכמ"ש בע"ה. והרי כי אות ה' זו** שהיא התבונה השלישית **שירדה למטה** מהאוזן, **עשתה מציאות התפשטות של ס"ג למטה** שם בחוטם, **כנ"ל. לכן יש בו"א דהיינו זוטם**, וחוטם הוא גמטריא ס"ג, **שם של מ"ה** שהוא יו"ד ה"א וא"ו ה"א **שייש בו ג' אלפי"ן**[116], וכל אות א' שבשם מ"ה, היא שורש לשם אהי"ה, כי היא האות הראשונה[117] והשורש של שם אהי"ה, וצריך לרמוז את שם אהי"ה בחוטם, כי שורש המוחין הניתנים לז"א הם בבינה הנקראת אהי"ה[118], ויש בשם מ"ה שלוש א' **שהם ג' אהי"ה, שהם גימטריא ס"ג**[119]. דרך הגב הרב דורש על פרצוף לאה, הנקראת קשר של תפילין, **גם דע כי הלא ה' זו צורתה ד"ו כנודע** כמו שהרב ביאר בביאר שצורת ה' היא ד' ו', **כי הלא תבונה זו התפשטותה בו"ס דז"א** שהם כחב"ד ח"ג **כנ"ל** כי אות ו' של אות ה' דתבונה היא התפשטה בז"א, ונשארה האות ד' של ה' דתבונה, **וכנגד הד' של ה'** שהיא בתבונה השלישית, **יצאה** לאה קשר של תפילין **מכזז** ריבוי אור המוחין הניתנים לז"א ע"י

<hr>

115

תרשים ג – ל"א.
116

שם מ"ה הוא הוי"ה במילוי אלפין, שהוא יו"ד ה"א וא"ו ה"א, והוא בגמטריא אד"ם, הרומז לפרצוף ז"א, ובמילוי זה יש שלוש אותיות של א'. שלושת אותיות א' הם שורש לג' אהי"ה, שהם בגמטריא ס"ג.
תרשים ג – ל"ב.
117

כלל – האות הראשונה של כל שם בעולם, היא השורש והמשפיעה לכל השם.
118

שער הכוונות, דרושי העמידה, מלך עוזר ומושיע ומגן - והענין הוא במה שהודעתיך כי אימא נקר' אהיה ונמצא כי הנה"י דאימא הם שם אהיה וכמו שביארנו בפסוק שופך דם האדם באדם ענין שם אהיה המתלבש תוך ז"א שהוא שם מ"ה דאלפין וע"ש במקומו.
שער הכוונות, דרושי פסח, דרוש א' - ונבאר ענין זה יותר בביאור, כי נודע שהוי"ה דמ"ה דאלפין היא בז"א, ובהוי"ה זו יש ג' אלפין, וכ"א מהם מורה על שם אהי"ה בהיותו בסוד ריבוע ואחוריים שעולה בגמטריא ד"ם כנזכר, והוא בחינת אימא עילאה המתפשט תוך ז"א, והיא נקראת אהי"ה כנודע. ולהיות כי מינה דינין מתערין.
119

הגמטריא של שם אהי"ה הוא כ"א (21), ושלוש פעמים כ"א הם ס"ג.

וֹאת הַתבונה, ונבנה פרצוף הנקראת לאה קשר של תפילין, מֵאֲזורי ז"א, והיא סוֹד[120] ד'[121] קֶשֶׁר שֶׁל תְּפִילִין[122] ואות ו' של אות ה' היא כנגד ו"ק העליונים דז"א, וּכְנֶגֶד ואות ו' של אות ה' דתבונה התלבשה בו"ס העליונות שֶׁל הַז"א. הֲרֵי כִי ה' זוֹ עֶשְׁתָה סוֹד ו' והם כניסת המוחין בז"א, וְסוֹד ד' שֶׁהִיא [די"ט ע"ג 38] לֵאָה קשר של תפילין, שֶׁהִיא ד' העומדת אֲזוֹרֵי ו', שֶׁהֵם ו' סְפִירוֹת רִאשׁוֹנִים דז"א. אָמְנָם בסוף ו' שֶׁבְּתוֹךְ הד', יֵשׁ פְּסִיעָה לְבַר[123], וְאוֹתוֹ הַפְּסִיעָה הוּא כנגד שליש של הת"ת, הֲרֵי כִי ו' שהם שישים עִם הַפְּסִיעָה לְבַר שהיא שליש, ושליש הם שלוש בערך הֵם היחד ס"ג, שֶׁהֵם ו' סְפִירוֹת כזז"ב"ד ז"ג הֲרֵי ו', וּשְׁלִיש העליון של הת"ת עַד הֶחָזֶה, הוּא הַפְּסִיעָה לְבַר. הרב חוזר בחזרה לתחלת הדרוש בקשר לשם נ"ח, הִנֵּה כְּשֶׁתָּסִיר ה' זוֹ שהיא הבינה השלישית שהתלבשה בז"א בְּשֵׁם

___

120

בית לחם יהודה ש"ד פ"ג - סוד ד' קשר של תפלין וכנגד וכנגד ו' ספירות של ז"א. גרסת ע"ח כתב ע"ח כתב יד כנגד בלא אות ו'. ועוד אפשר לומר שצ"ל וכנגד וכו', ור"ל וכנגד הו' של ד', הם ו' ספירות של ז"א, אלא שהשלשון הוא קצר.

121

הסיבה שיצאה אות ד' היא כי בראש זה יש ארבע מוחין, חכמה, בינה, דעת. כאשר הדעת נחלק לשנים, חסדים וגבורות. ומהארת ד' מוחין אלו דז"א נבנה פרצוף לאה קשר של תפילין.

ע"ח ח"ב של"א פ"א מ"ת דל"ה ע"ב - בארנו במקום אחר כי לאה נקראת תם, לפי שהיא בחינת קשר תפלה של ראש דז"א, ולוקחת הארה ד' אלפי"ן מד' אהי"ה שיש בנצח הוד יסוד דאמא, אשר בהם מלובשים מוחין דז"א מצד אמא, כנ"ל. לעשות מוחין שבה, וד' אלפין הם גימטריא מד"ת, כנזכר על ומדת ימי מה היא, וכאשר תסיר הד' אלפין עצמם הפשוטים ששרשם בז"א, ישארו בה כמנין ת"ם.

122

ע"ח ח"ב של"ח פ"ב מ"ת דס"א ע"א - ואמנם טעם אמרו ויאהב יעקב את רחל ולא לאה, הוא לב' סבות, א' הוא כי הנה יעקב התחתון אשר בזה עולם לא היה משיג עדיין בכל מציאות פרצוף ז"א, רק מכנגד החזה ולמטה, מקום רחל, לכן ויאהב אז יעקב את רחל, ולא כתיב ויאהב ישראל שהוא הז"א, שהיה לו שתיהן לאה ורחל. אבל יעקב אהב את רחל תחתונה כמוהו, שהוא עלמא דאתגליא. אבל לאה היא עלמא דאתכסיא, כמבואר אצלינו שהוא צורת הד' שבבקשר של תפילין של ראש, לכן לא היה רוצה יעקב להזדווג עמה, כי לא היה משיג עד שם. וזה שכתוב זהר פרשת ויצא דקכ"ג ע"ב - כי לאה ורחל תרין עלמין מן העולם ועד העולם, ז' שנין עלמא דאתכסיא כו', והוא כי הנה מן המלכות דאמא שבדעת דז"א, יצאה לאה מאחוריו, בסוד ד' קשר תפילין של ראש כנ"ל, ולהיות לאה מבחינת אמא, לכן ז' שנין דילה אתכסיא, והז' הם כחב"ד ח"ג ושליש ת"ת עד החזה דז"א, כי אלו הז' בחינות היו מכוסים, בלתי גלויין אל יעקב קודם שנקרא ישראל כנ"ל, כי אז השיג כל פרצוף ז"א הנקרא ישראל כנודע.

123

באות ה' הראשונה שבשם שבשם הוי"ה, הקו הקצר שהוא בצד שמאל, שהרב ז"ל קורא לו ו', הסופר חייב לעשות קו קטן שנראה כמו כף רגל. בסוגיה זאת הפסיעה לבר רומזת לשליש העליון של התפארת, בסוגיות אחרות היא רומזת לנבוק' הנמצאת עם ז"א בעיבור תוך אימא.

ע"ח ח"ב שכ"ה פ"ד די"ט ע"ג - בהיות זו"ן בבטן אמא היה ג' גו ג', בסוד ו' שבתוך הה', ושם המלכות בסוד פסיעה לבר ברגל הו', ומכאן נתפשטו לשבע, הוא ו', והיא שביעית לו באחור, ואימא נותנת לו נה"י שלה, והם לו בחינת חב"ד, כי ר"ת בינה הם – בינה, יסוד, נצח, הוד, וזהו בסוד העיבור הנעשה באדם אחר לידתו.

תרשים ג – ל"ג.

ס"ג, ישׁאָר לׇמַעׁלׇה יו"ד ה"י וא"ו ה"ה כי ה' אחת ירדה לחותם[124], ומהמילוי של אות ה' האחרונה של שם ס"ג נשאר רק ה"ה, הרי למדנו כי ה"י האחרונה שבשם ס"ג מתחלקת לג' ההי"ן, ואחת ירדה להתלבש בחותם, ונשארו ה"ה השם ס"ג, ושם יו"ד ה"י וא"ו ה"ה הוא **גׁימטׁריא נ"זז,** והוא **גׁימטׁריא אזׁ"ן** ובזה התבאר למה לא נרמז שם ס"ג באוזן, כמו בחותם ופה.

תרשים ג – ל"ד.

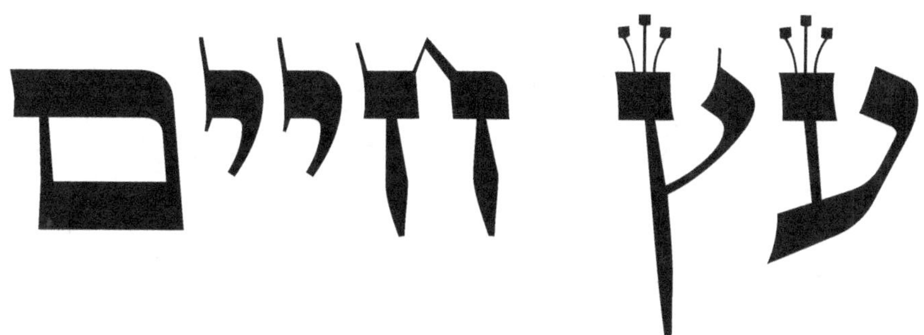

עֵץ חַיִּים

לרבינו חיים ויטאל

שקיבל ממרן האר"י זלה"ה

שער ד'

שער אזו"פ

פרק ג'

חלק התרשימים טבלאות וציורים

שמחת חיים

הקדמה קצרה

דע כי כל התרשימים הציורים והטבלאות, הם אך ורק לשכך את האוזן, ולשבר את העין. וכל הציורים הם לא שלמים.

כתב הרי"ח הטוב ברב פעלים ח"ב בסוד ישרים ה' - אך דע לך כי סדר התלבשות המחצבים שכתב מהרח"ו בשערי קדושה עד עולם הזה שאנחנו עומדים בו. וכן סדר התלבשות הפרצופים אשר בכל מחצב ומחצב, וסדר התלבשות העולמות זה בזה, והיושר והעיגולים, לא אית אינש דכיל למנלע רזא דנא, איך היא עשוי, איך הוא עומד, ולא אפשר לשכל אנושי לצייר כל הנזכר על אמתיתם, ועל בוריין מפני כי שכל האנושי בהיותו עצור ומונח בגוף גשמיי, אי אפשר לי להשיג דבר רוחני, והוא זה דומה לאדם סומא מן הבטן שלא ראה מאורות מימיו, דודאי אי אפשר לו לצייר מראות השמש והירח הנראין לעיני הבריות, וכל שכן מה שיש למעלה למעלה.

וכן כתב ברב פעלים ח"א בסוד ישרים א' - סוף דבר הכל נשמע, ה' אחד ושמו אחד, ואין לו גוף ולא דמות הגוף, ואין לו שום ציור, ותמונה ודמיון כלל ועיקר, וגם כל העולמות וספירות הקדושים למעלה אין להם ציור ודמיון של גופים האלה כלל, ואין מי שיוכל לידע איך הוא עמידתם וסדרם, ואיך עומדים עולמות היושר ועולמות העיגולים, ואיך מתחברים זה עם זה, ואיך נמשך השפע מזה לזה, ואיך הוא תוארם ומראיהם, ואיך הוא מהות השפע המחיה אותם, ומקיים אותם, וכמה הוא שיעור אורכם וגובהן ורחבם, ואיך הם נכללים זה בזה, ומלבישים זה לזה, כי בכל זאת אין שום שכל אנושי יוכל לדעת, ולהבין, ולהשיג, כלל ועיקר.

הרב ז"ל כתב בשער אח"פ תחילת פ"א וז"ל - כבר ידעת כי אין בנו כח לעסוק קודם אצילות עשר ספירות, ולא לדמות שום דמיון וצורה כלל ח"ו, אך לשכך האזן, אנו צריכים לדבר דרך משל ודמיון, לכן אף אם נדבר במציאות ציור שם למעלה, אין הדבר רק לשכך האזן. אמנם דע כי עשר ספירות דאצילות הם שתי עניינים. האחד הוא התפשטות הרוחניות, והשני הוא כלים ואברים אשר העצמות מתפשט בהם. והנה צריך שיהיה לכל זה שורש למעלה לשתי בחינות אלו, ולכן צריכין אנו לדבר בסדר המדרגות מראש עד סוף, והנה נתחיל ונאמר כי הלא הא"ס ב"ה אין בו שום ציור כלל ח"ו כמבואר.

הרב ז"ל כתב בשער טנת"א פ"א - והנה אף על פי שאנו מכנים וקוראים כאן כנויים אלו כגון אדם ראש אזנים וכיוצא אינו רק לשכך האזן לשיובנו הדברים לכן אנו מכנים כנויים אלו במקום גבוה, עד כאן לשונו.

וכן הרמ"ק בפרדס רימונים ש"ו פ"א - וציירו להם המקובלים צורות ביריעות גדולות וקראום אילן. הרב ז"ל כתב בסוף ש"ה פ"ד וז"ל - ואמנם דבר גלוי הוא כי אין למעלה גוף ולא כח גוף חלילה. וכל הדמיונות והציורים אלו לא מפני שהם כך חס ושלום. אמנם לשכך את האוזן לכשיוכל האדם להבין הדברים העליונים הרוחניים בלתי נתפסים ונרשמים בשכל האנושי, לכן ניתן רשות לדבר בבחינת ציורים ודמיונים, כאשר הוא פשוט בכל ספרי הזוהר. וגם בפסוקי התורה עצמה כולם כאחד עונים ואומרים בדבר הזה כמו שאמר הכתוב עיני ה' המה משוטטים בכל הארץ. עיני ה' אל צדיקים. וישמע ה'. וירח ה'. וידבר ה'. וכאלה רבות וגדולה מכולם מה שאמר הכתוב ויברא אלהים את האדם בצלמו בצלם אלהים ברא אותו זכר ונקבה וגו'. ואם התורה עצמה דברה כך גם אנחנו נוכל לדבר כלשון הזה, עם היות שפשוט הוא שאין שם למעלה אלא אורות דקים, בתכלית הרוחניות, בלתי נתפשים שם כלל, וכמו שאמר הכתוב כי לא ראיתם כל תמונה, וכאלה רבות.

ואמנם יש עוד דרך אחרת כדי להמשיך ולצייר בה הדברים העליונים, והם בחינת כתיבת צורת אותיות, כי כל אות ואות מורה על אור פרטי עליון, וגם תמונת זו דבר פשוט הוא כי אין למעלה לא אות, ולא נקודה, וגם זה דרך משל וציור לשכך את האוזן כנזכר. ולכן נבאר עתה הקדמה הנזכר על דרך ציור האותיות גם כן ובבחינת ציורים אלו, הן ציור האדם, והן ציור אותיות, שתיהן מוכרחים להבין ענין האורות העליונים, כאשר תראה ספרי הזוהר בנויים על שתי בחינות הציורים האלה, עד כאן לא.

ולכן גם אנחנו הרשינו לעצמינו לצייר ציורים, תרשימים וטבלאות, אך ורק כדי לשכך את האוזן, ולשבר את העין, כדי להבין את הסוגייה.

אח"י

סדר שמות שמות ההיכלות והשערים בעץ חיים

שם היכל	שער	שם השער	פרקים														
			א	ב	ג	ד	ה	ו	ז	ח	ט	י	יא	יב	יג	יד	טו
אדם קדמון	א	עיגולים ויושר	א	ב	ג	ד	ה										
	ב	השתלשלות י"ס דרך עגו'	א	ב	ג												
	ג	סדר אצילות למהרח"ו	א	ב	ג												
	ד	**אח"פ**	א	ב	ג	ד	ה										
	ה	טנת"א	א	ב	ג	ד	ה	ו	ז								
	ו	עקודים	א	ב	ג	ד	ה	ו	ז	ח							
	ז	מטי ולא מטי	א	ב	ג	ד	ה										
נקודים	ח	דרושי נקודות	א	ב	ג	ד	ה	ו									
	ט	שבירת הכלים	א	ב	ג	ד	ה	ו	ז	ח							
	י	תיקון	א	ב	ג	ד	ה										
	יא	מלכים	א	ב	ג	ד	ה	ו	ז	ח	ט	י					
הכתרים	יב	עתיק	א	ב	ג	ד	ה										
	יג	א"א	א	ב	ג	ד	ה	ו	ז	ח	ט	י	יא	יב	יג	יד	
או"א	יד	או"א	א	ב	ג	ד	ה	ו	ז	ח	ט	י					
	טו	זווגים	א	ב	ג	ד	ה	ו									
	טז	הולדת או"א וזו"ן	א	ב	ג	ד	ה	ו	ז								
ז"א	יז	ז"א	א	ב	ג	ד											
	יח	רפ"ח נצוצין	א	ב	ג	ד	ה	ו									
	יט	אנ"ך	א	ב	ג	ד	ה	ו	ז	ח	ט	י					
	כ	המוחין	א	ב	ג	ד	ה	ו	ז	ח	ט	י	יא	יב			
	כא	לידת המוחין	א	ב	ג												
	כב	מוחין דקטנות	א	ב	ג												
	כג	מוחין דצלם	א	ב	ג	ד	ה	ו	ז	ח							
	כד	פרקי הצלם	א	ב	ג	ד	ה	ו	ז								
	כה	דרושי הצלם	א	ב	ג	ד	ה	ו	ז	ח							
	כו	צלם	א	ב	ג	ד											
	כז	פרטי עי"מ	א	ב	ג	ד											
	כח	עיבורים	א	ב	ג	ד	ה										
	כט	נסירה	א	ב	ג	ד	ה	ו	ז	ח	ט						
	ל	פרצופים	א	ב	ג	ד	ה	ו	ז								
	לא	פרצופי זו"ן	א	ב	ג	ד	ה										
	לב	הארת המוחין	א	ב	ג	ד	ה	ו	ז	ח	ט						
	לג	אונאה	א	ב	ג	ד	ה										
נוק' דז"א	לד	תיקון הנוקבא	א	ב	ג	ד	ה	ו	ז								
	לה	הירח	א	ב	ג	ד	ה										
	לו	מעוט הירח	א	ב	ג	ד											
	לז	יעקב ולאה	א	ב	ג	ד	ה										
	לח	לאה ורחל	א	ב	ג	ד	ה	ו	ז	ח	ט						
	לט	מ"ן ומ"ד	א	ב	ג	ד	ה	ו	ז	ח	ט	י	יא	יב	יג	יד	טו
	מ	פנימיות וחיצוניות	א	ב	ג	ד	ה	ו	ז	ח	ט	י	יא	יב	יג	יד	טו
	מא	חשמל	א	ב	ג												
אבי"ע	מב-א	דרושי אבי"ע	א	ב	ג	ד	ה	ו	ז	ח	ט	י	יא	יב			
	מב-ב	כללות אבי"ע	א	ב	ג	ד											
	מג	ציור עולמות אבי"ע	א	ב	ג	ד											
	מד	שמות	א	ב	ג	ד	ה	ו	ז								
	מה	מקיפין	א	ב	ג	ד											
	מו	כסא הכבוד	א	ב	ג	ד	ה	ו									
	מז	סדר אבי"ע	א	ב	ג	ד	ה	ו									
	מח	קליפות	א	ב	ג	ד											
	מט	קליפת נוגה	א	ב	ג	ד	ה	ו	ז	ח	ט						
	נ	קיצור אבי"ע	א	ב	ג	ד	ה	ו	ז	ח	ט	י					

<u>טבלת ערכים</u>

עולמות	אדם קדמון	אצילות	בריאה	יצירה	עשיה
פרצופים	ע"י וא"א	אבא	אמא	ז"א	נוקבא
ספירות	כתר	חכמה	בינה	חג"ת נה"י	מלכות
הוי"ה	קוץ של י'	י	ה	ו	ה
אורות	יחידה	חיה	נשמה	רוח	נפש
מילוי	שורש הוי"ה	ע"ב - יוד הי ויו הי	ס"ג - יוד הי ואו הי	מ"ה - יוד הא ואו הא	ב"ן - יוד הה ור הה
טנת"א	שורשים	טעמים	נקודות	תגין	אותיות
נקודות	קמץ	פתח	צרי	סגול, שוה, חולם חיריק, קבוץ, שורוק	אין ניקוד
אדם	גולגולתא	מוח ימין	מוח שמאל	גוף וברית	עטרת היסוד
מל"צ	מ - מקיף, יחידה	ל - מקיף, חיה	מוח	לב	כבד
שבנגל"ה	שורש	נשמה	גוף	לבוש	היכל
י"ב פרצופים	ער"ן אאו"ן	או"א עלאין	ישסו"ת	זו"ן	יעו"ר
כל צמא	אורות	מוחין	צלמים	לבושים	כלים
אברים	מוח	עצמות	גידין	בשר	עור
חושים	מוח	ראיה	שמיעה	ריח	דיבור
מחצבים	א"ס	ספירות	נשמות	מלאכים	חושך
צלם	מ' מקיף ב'	ל' מקיף א'	צ' מוח	צ' לב	צ' כבד
דחצ"מ	אלוקות	מדבר	חי	צומח	דומם
יסודות	יולי	מים	אש	רוח	עפר
רקיעים	ערבות	ערבות	ערבות	מכון, מעון, זבול שחקים, רקיע	וילון
גלגלים	גלגל השכל	גלגל היומי	מזלות	ככבים	לבנה
היכלות	קודש קודשים	קודש קודשים	קודש קודשים	אהבה, זכות, רצון, עצם השמים, לבנת הספיר	לבנת הספיר
מלוי הוי"ה		מו - וד יי וי י	לז - וד י או י	יט - וד א או א	כו - וד ה ו ה
אהי"ה		קס"א - אלף הי יוד הי	קס"א - אלף הי יוד הי	קמ"ג - אלף הא יוד הא	קנ"א - אלף הה יוד הה

תרשים ג - א

ע"ב דס"ג הכללי

ל	שרשי המוחין	גולגלתא	אור נעלם	קוץ של י'
ח	חכמה	עיניים	ע"ב דע"ב דס"ג	י
צ	בינה	אוזניים	ס"ג דע"ב דס"ג	ה
ר	חג"ת נה"י	חוטם	מ"ה דע"ב דס"ג	ו
צ	מלכות	פה	ב"ן דע"ב דס"ג	ה

תרשים ג - ב

תרשים ג - ג

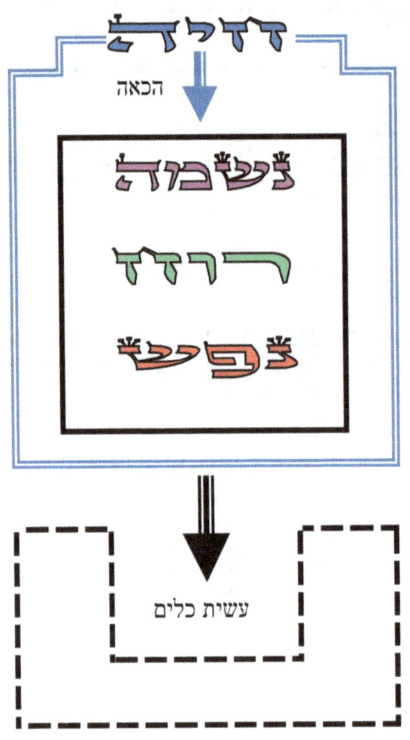

תרשים ג - ד

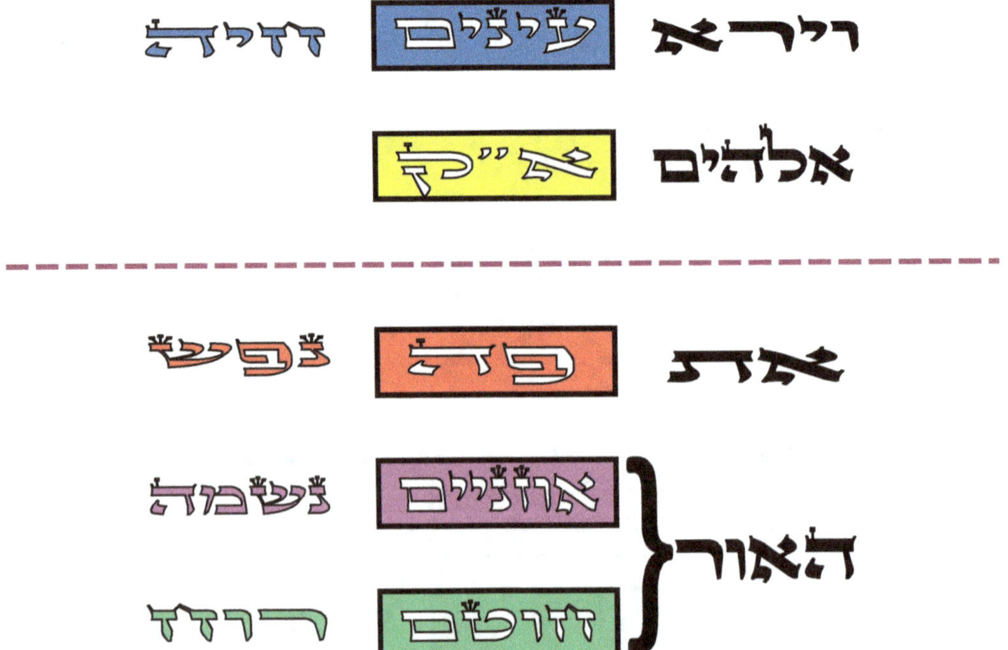

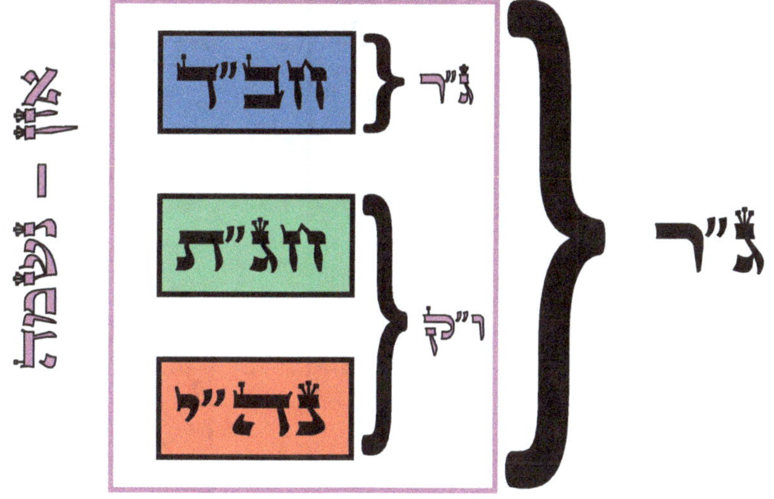
נ' – עקודים
ג"ר
חב"ד
ג"ר
חג"ת
ר"ק
נה"י
ג"ר

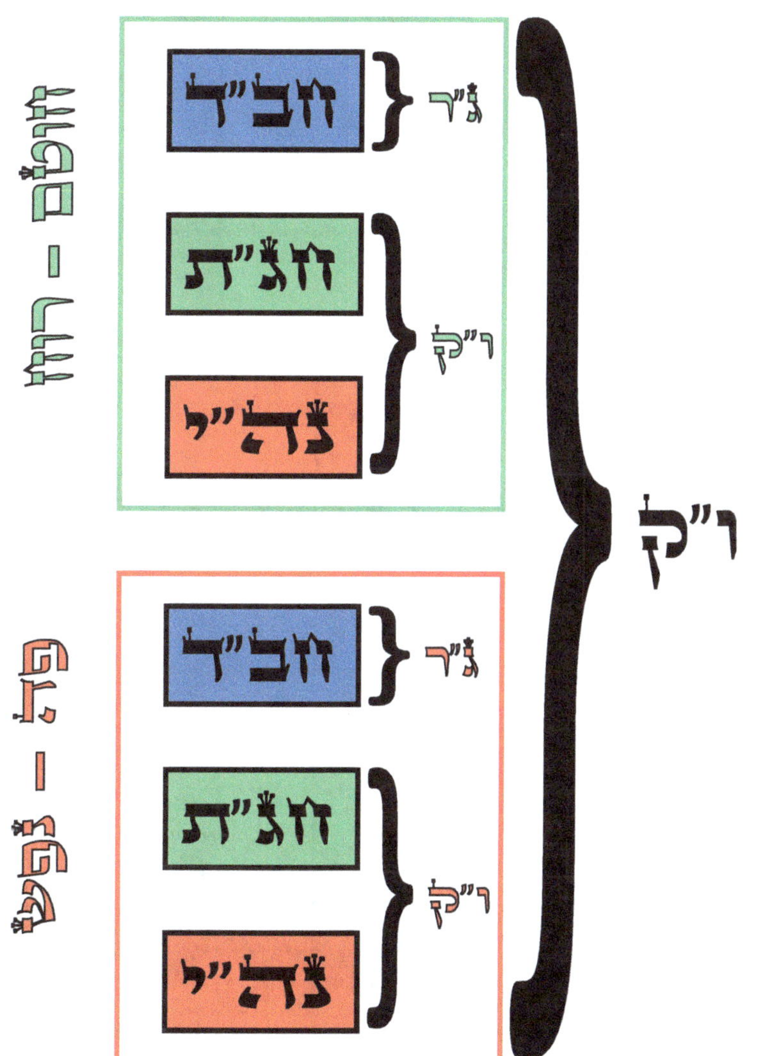
חו"ב – נקודים
חב"ד
ג"ר
חג"ת
ר"ק
נה"י
ו"ק
יסו – ברודים
חב"ד
ג"ר
חג"ת
ר"ק
נה"י

תרשימים שער ד' פרק ג'

תרשים ג - ו

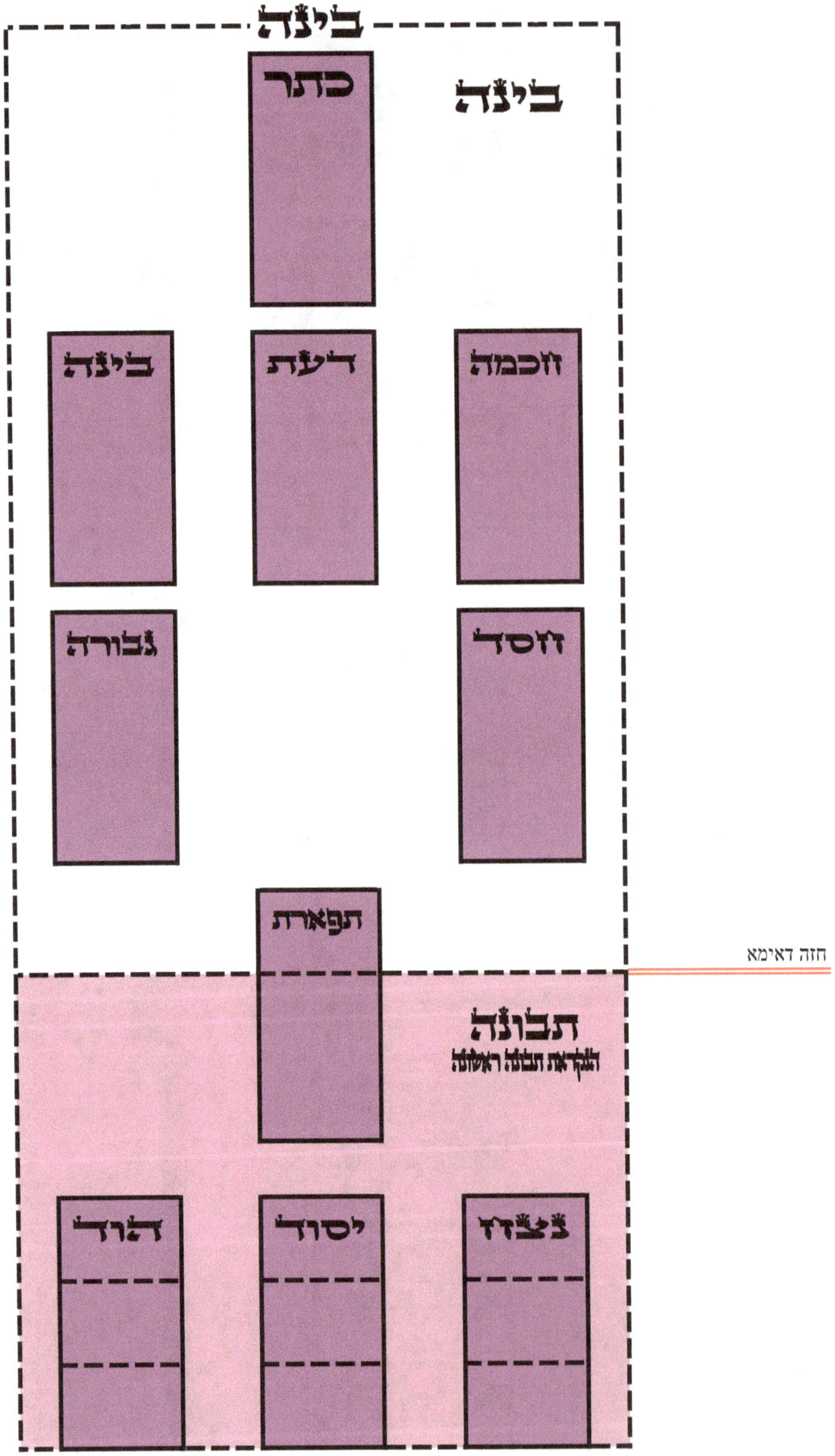
בינה
כתר
בינה
בינה
דעת
חכמה
גבורה
חסד
תפארת
חזה דאימא
תבונה
הנקראת תבונה ראשונה
הוד
יסוד
נצח

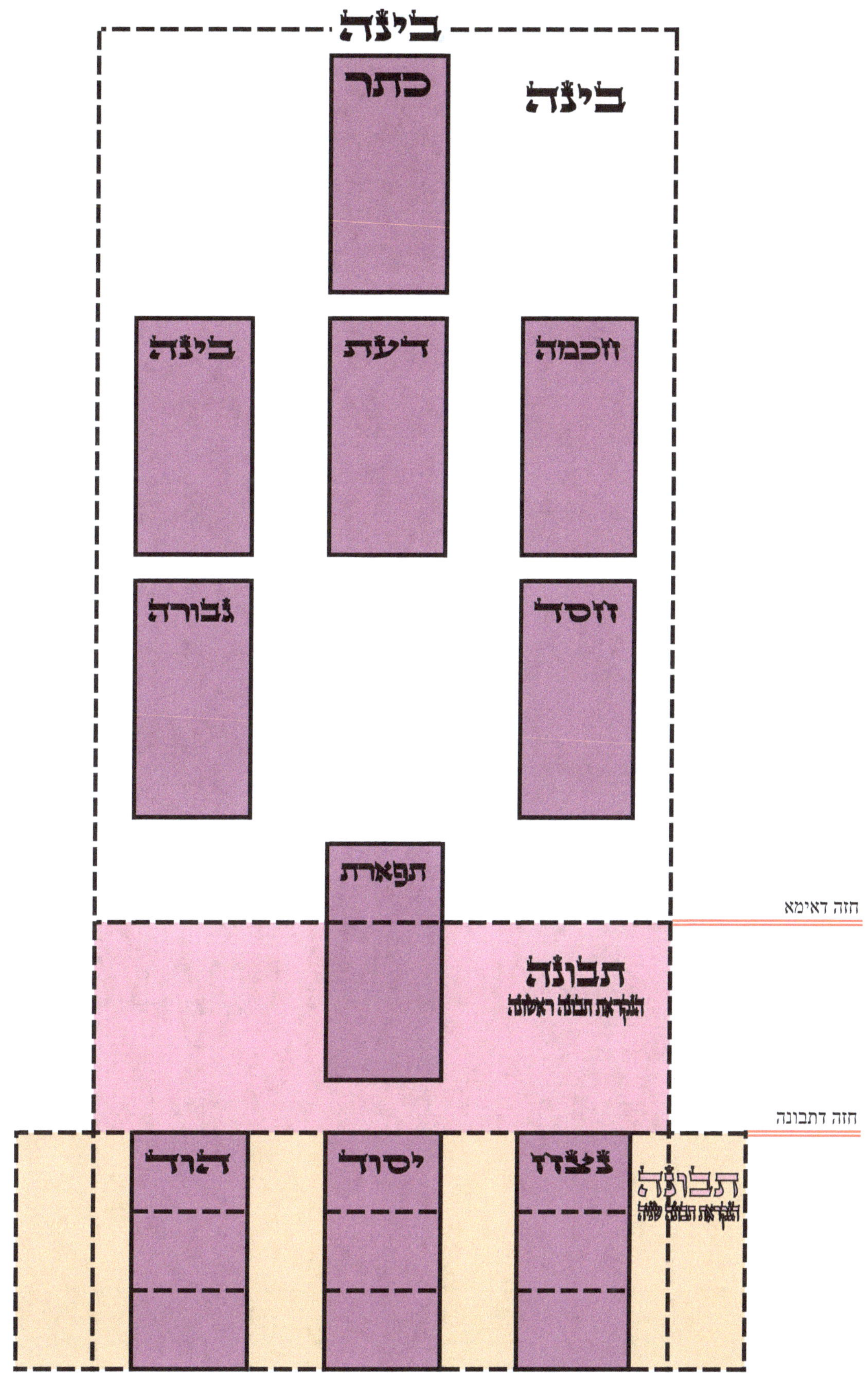
תרשים ג - ז
בינה
בינה
כתר
בינה
דעת
חכמה
גבורה
חסד
תפארת
תבונה
הנקראת תבונה ראשונה
חזה דאימא
חזה דתבונה
הוד
יסוד
נצח
תבונה
הנקראת תבונה שניה

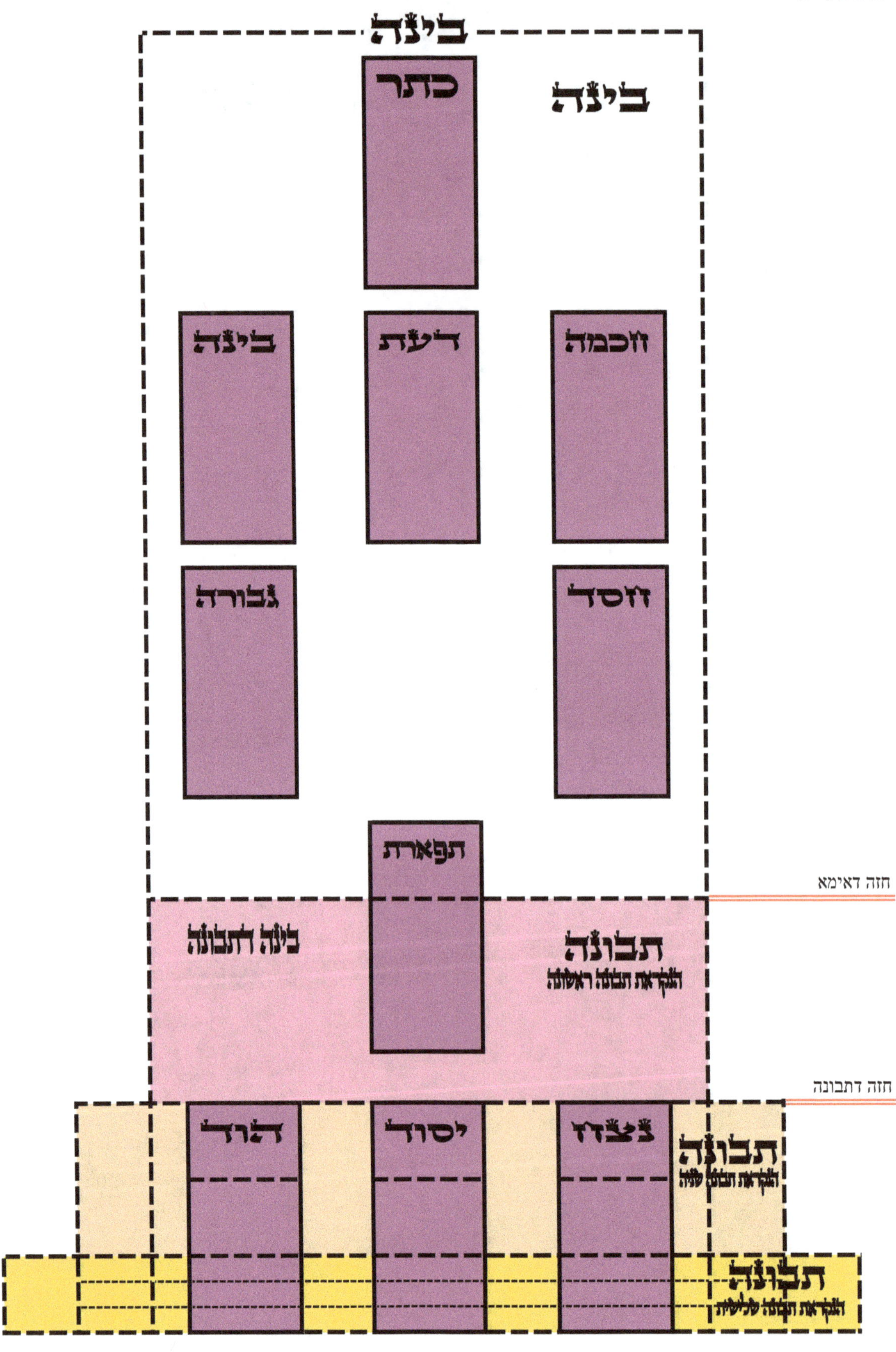
בינה
בינה
כתר
בינה
דעת
חכמה
גבורה
חסד
תפארת
בינה דתבונה
תבונה
הנקראת תבונה ראשונה
חזה דאימא
חזה דתבונה
הוד
יסוד
נצח
תבונה
הנקראת תבונה שניה
תבונה
הנקראת תבונה שלישית

תרשׁימים שׁער ד' פרק ג'

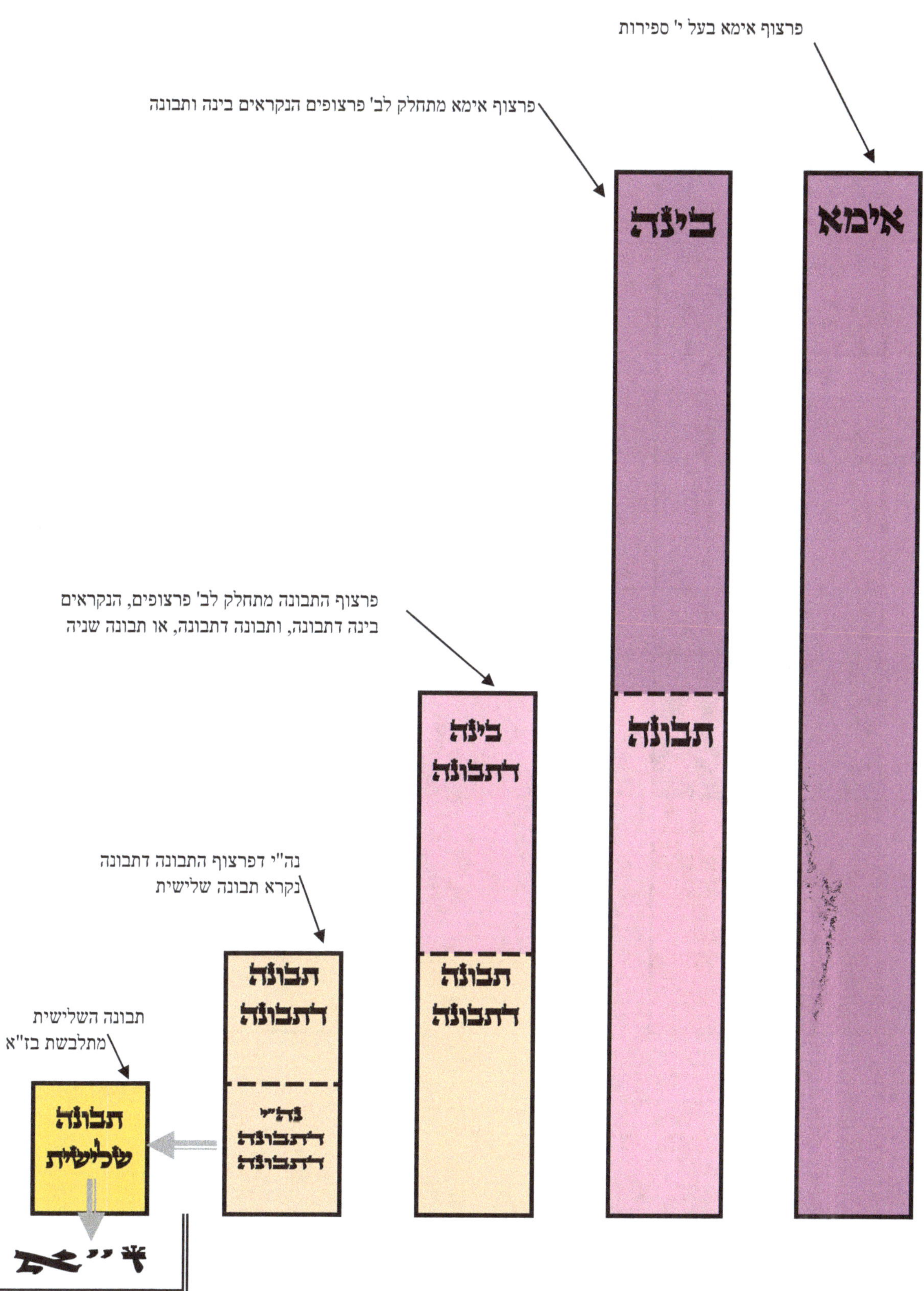

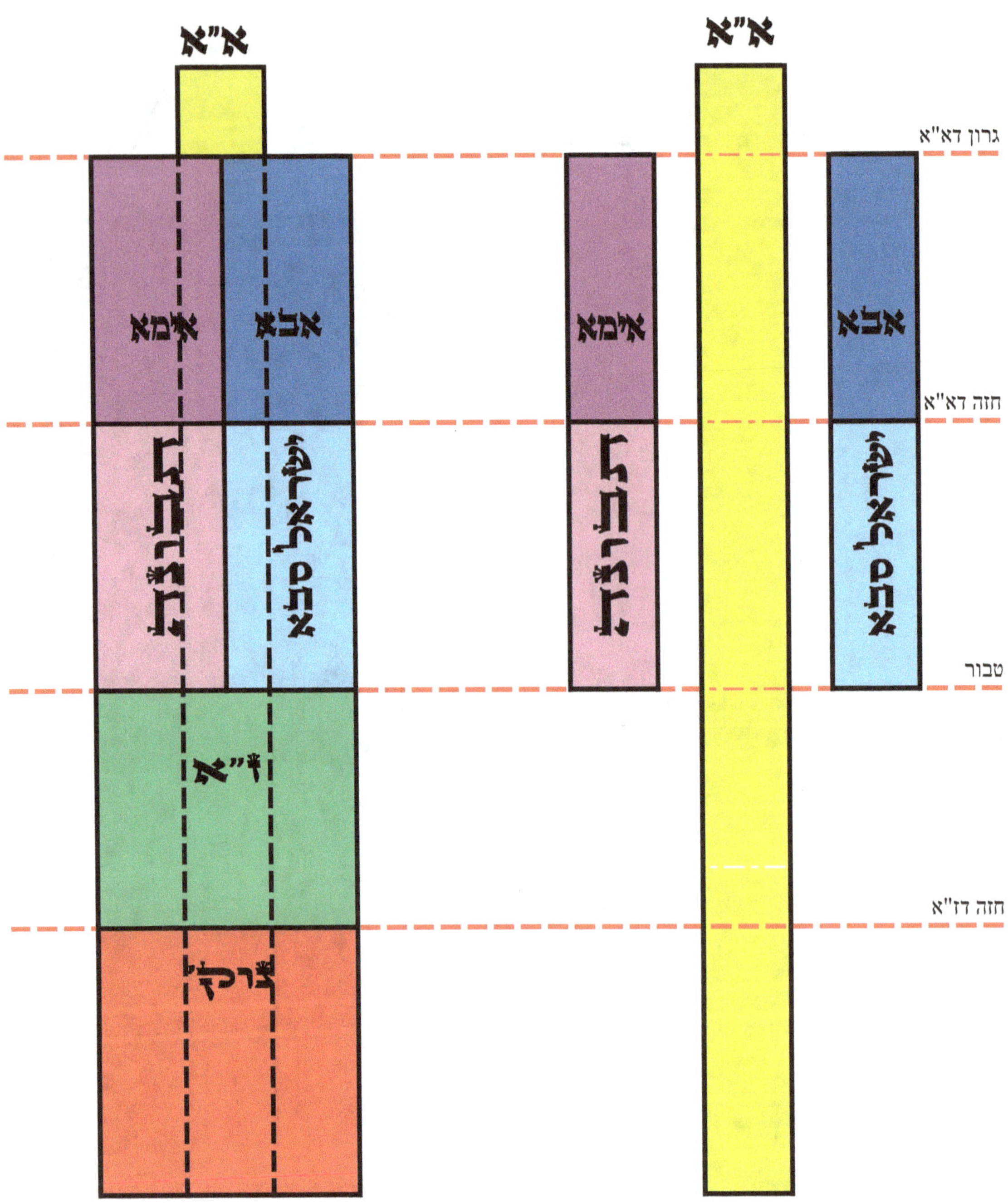
א"א
א"א
אימא
אבא
אימא
אבא
נה"י דאימא
נה"י דאבא
נה"י דאימא
נה"י דאבא
ז"א
נרנ"י
גרון דא"א
חזה דא"א
טבור
חזה דז"א

תרשים ג - י"א

תרשים ג - י"ב

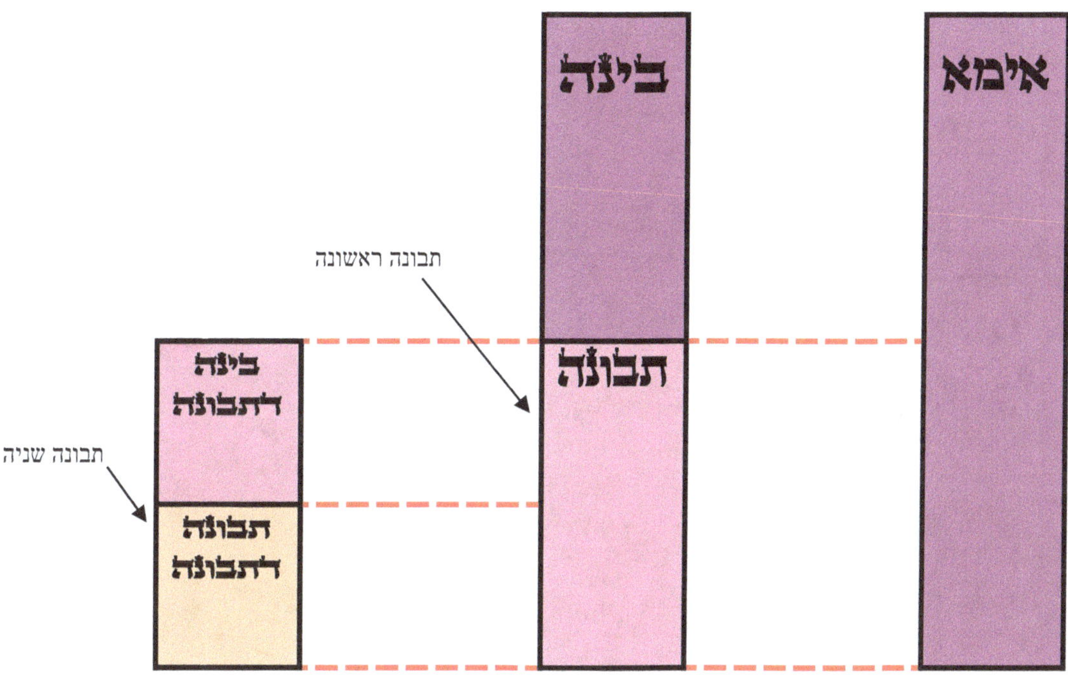

תרשים ג - י"ג

תרשים ג - י"ד

תרשים ג - ט"ו

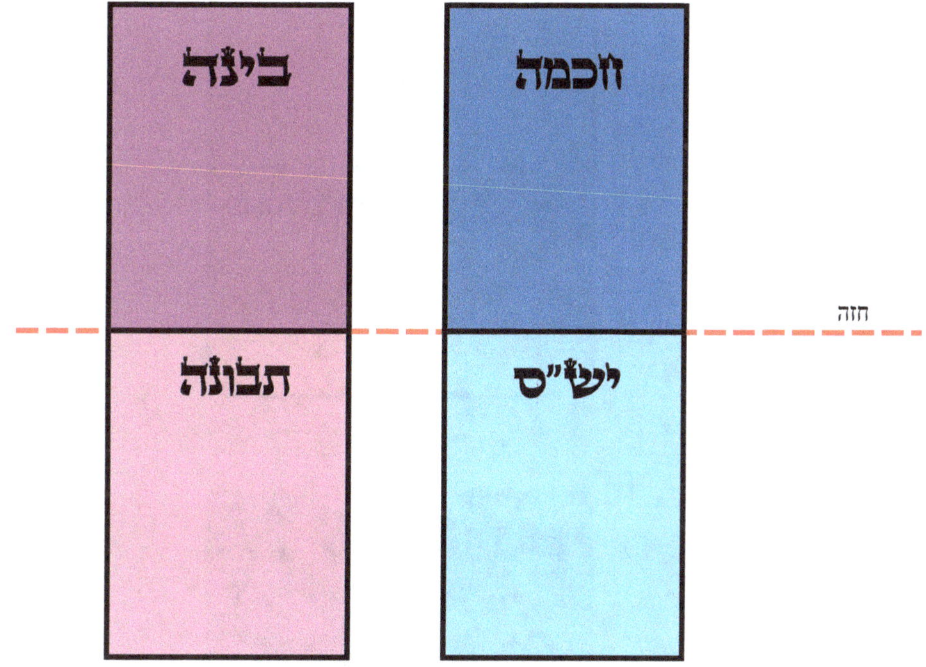
בינה
חכמה
תבונה
ישׁ"ס
חזה

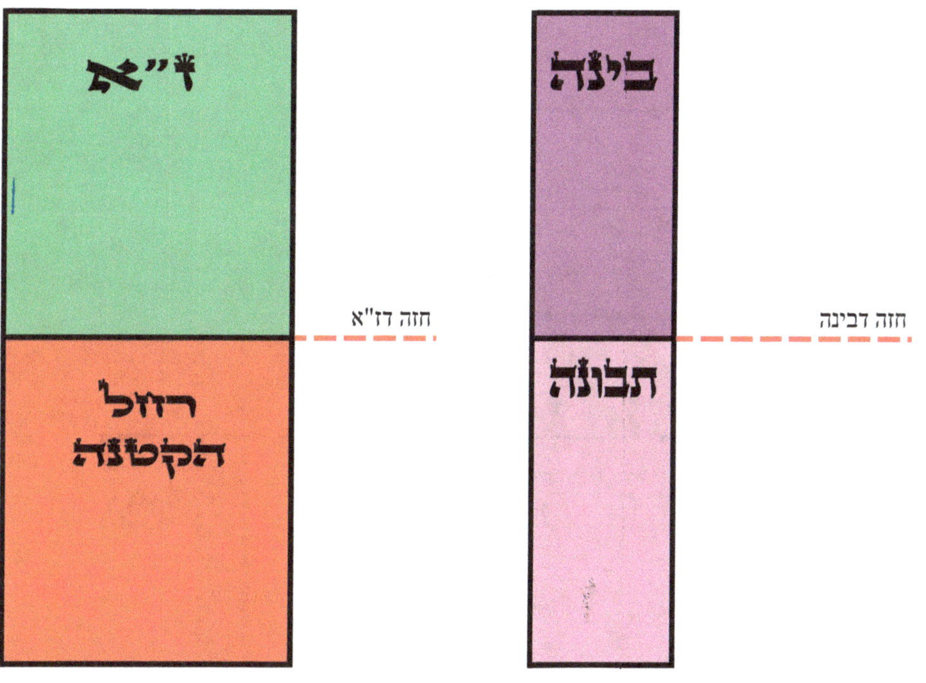
ז"א
בינה
רזל' הקטנה
תבונה
חזה דז"א
חזה דבינה

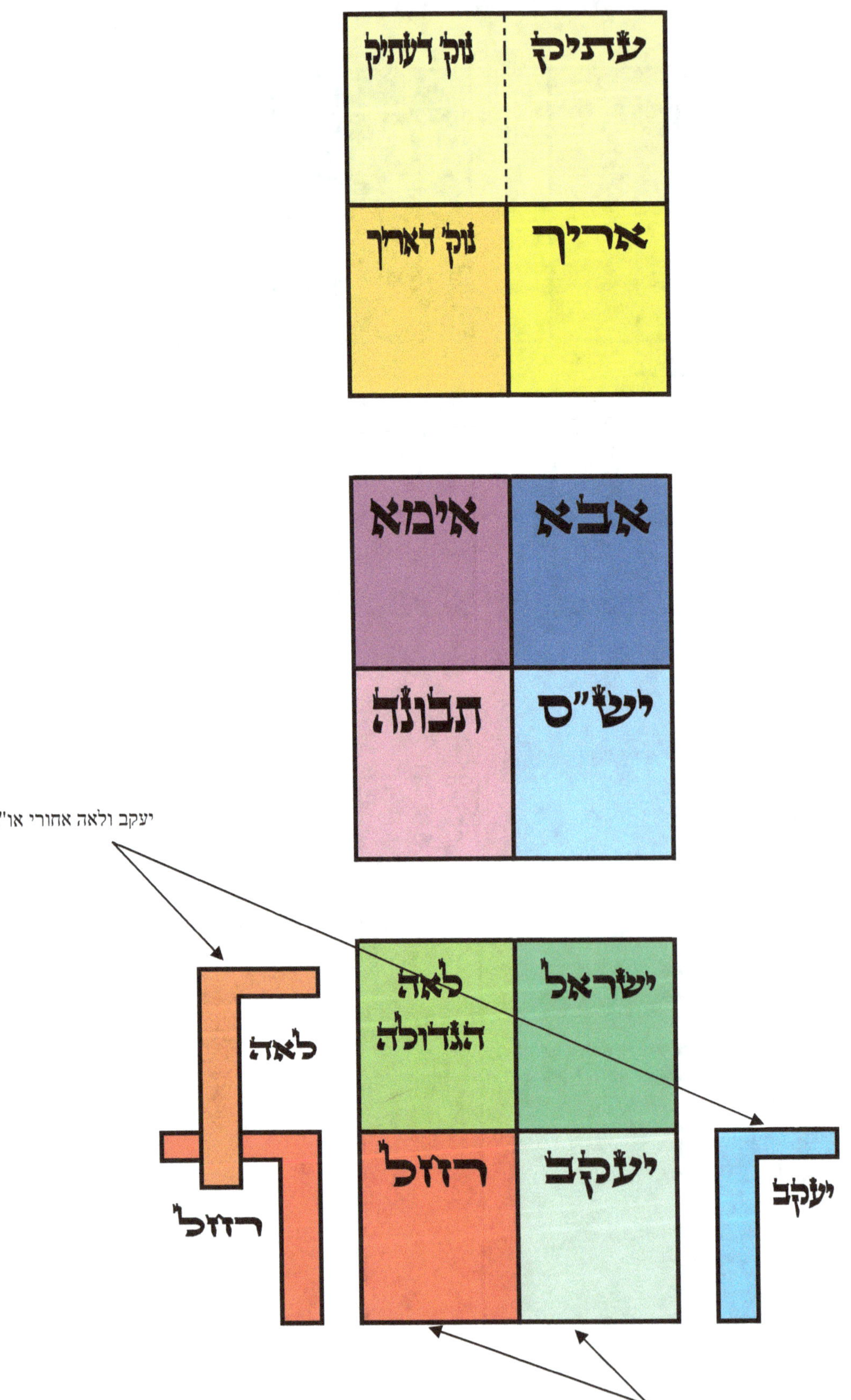

יעקב שהוא חצי תחתון דז"א והוא המזדווג עם רחל הקטנה

תרשים ג - י"ט

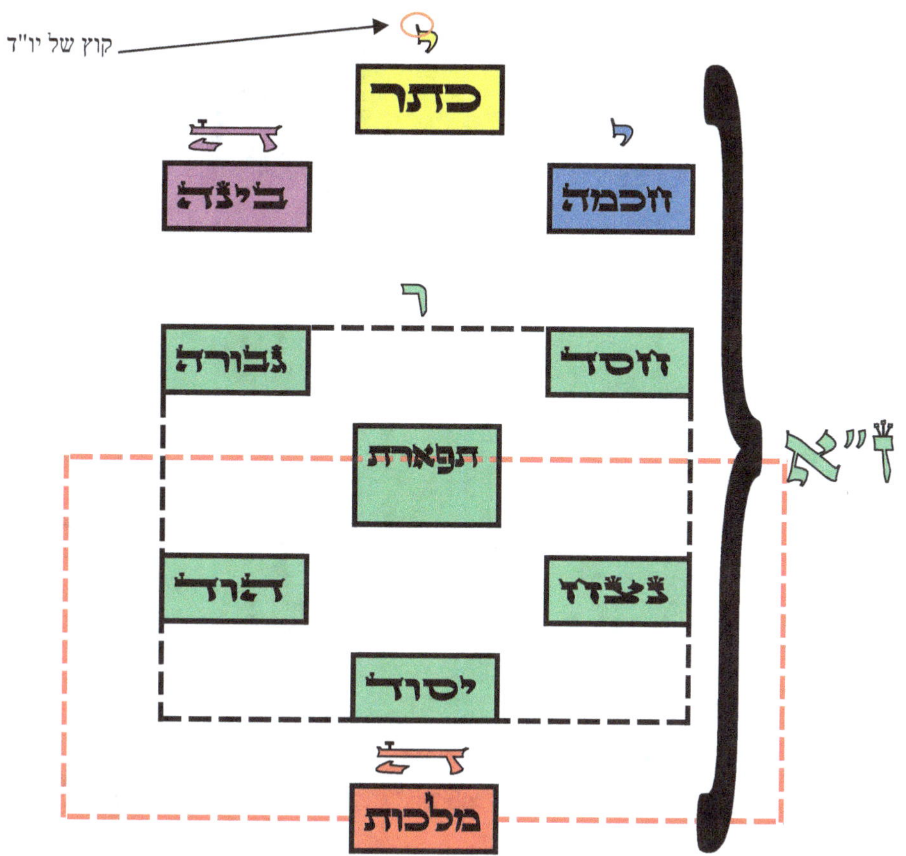

תרשים ג - כ

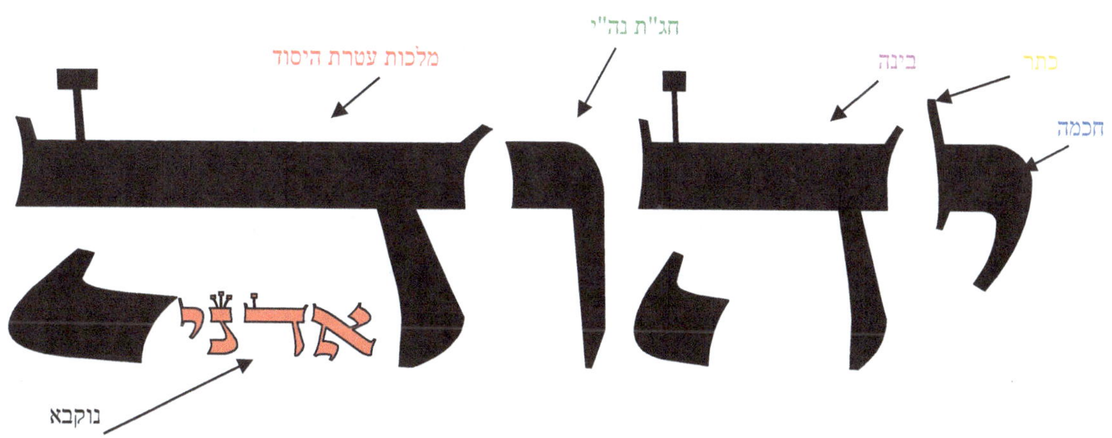

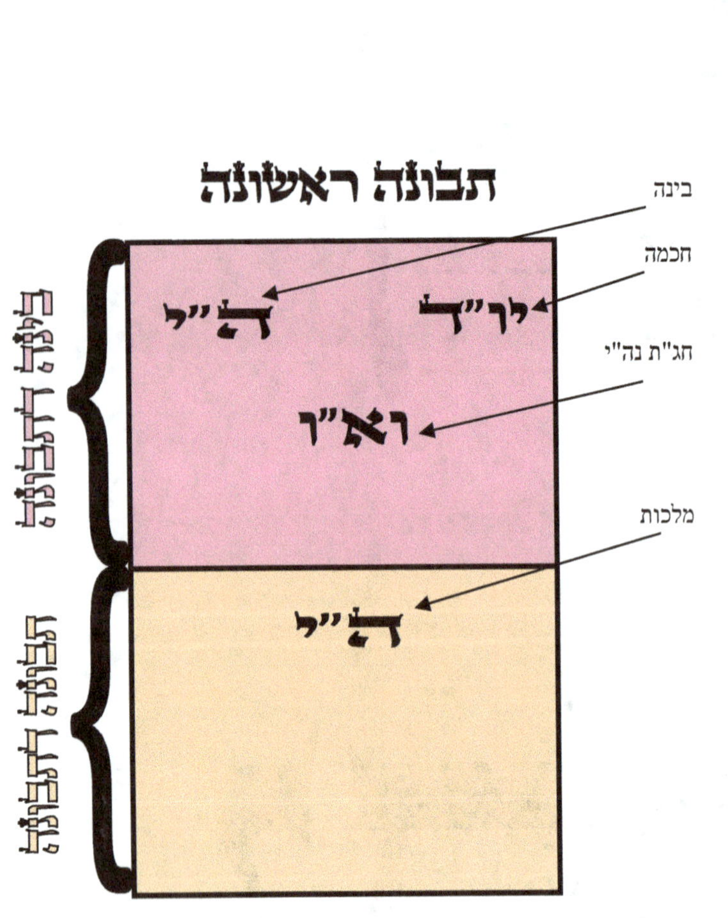
תבונה ראשׁונה
בינה
חכמה
חג"ת נה"י
מלכות
יו"ד ה"י
וא"ו
ה"י
בינה
קס"א
תבונה
פ"ג
אימא
ס"ג

תבונה ראשונה

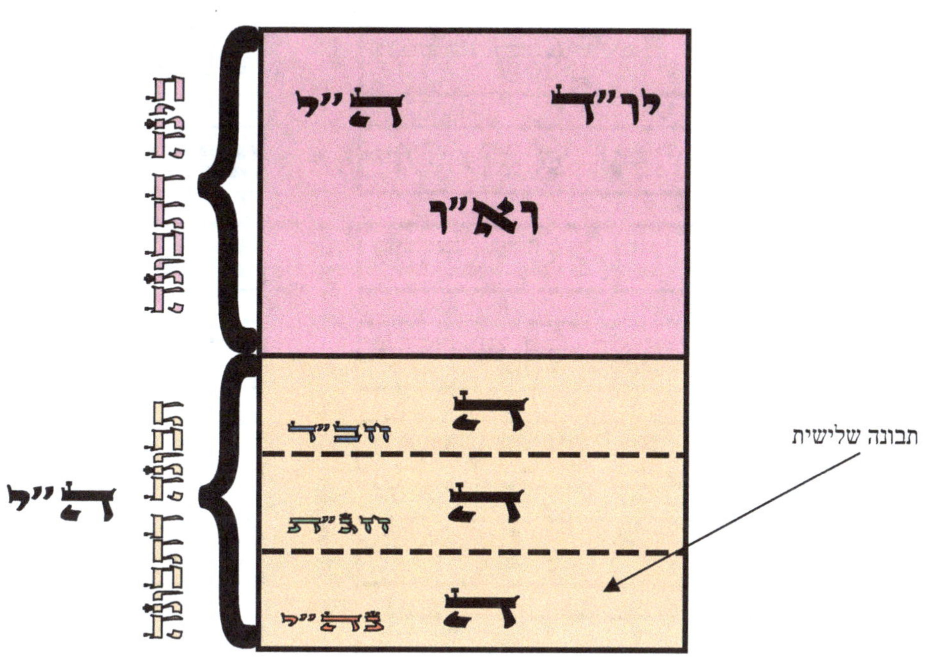

תבונה ראשונה

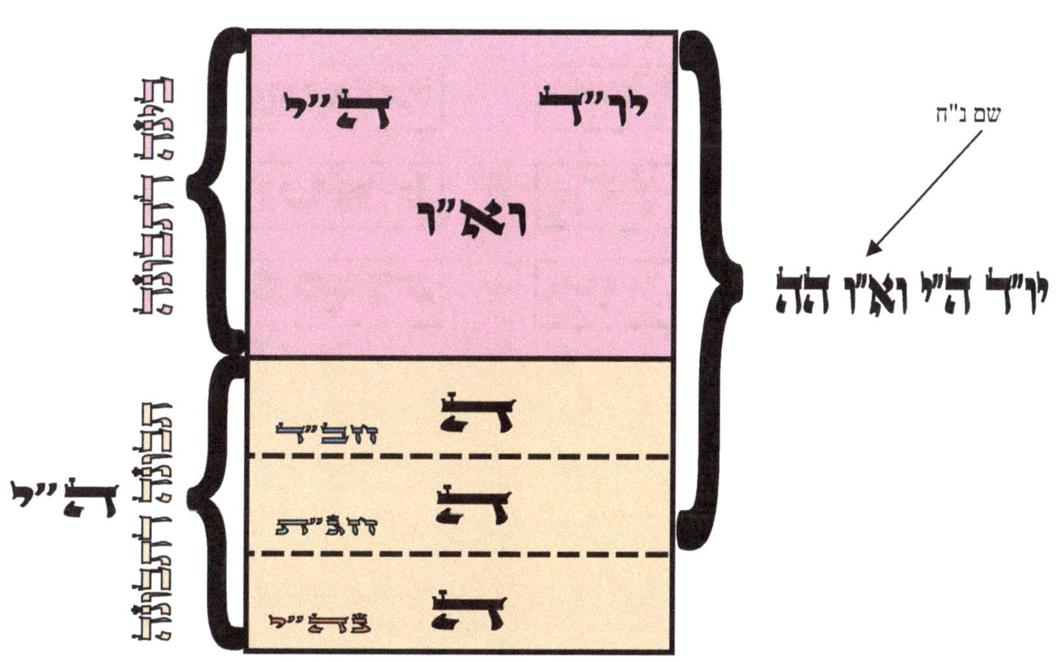

א	אכל	יוד הא וו הא	מ"ד
ב	רזוֹם	יוד הא ואו הא	מ"ה
אֹ	רדזצרן	יוד הא וו הה	מ"ז
ד	ארך	יוד הה ואו הא	מ"ט
ה	אפים	יוד הה וו הה	ב"ן
ר	ורב חסד	יוד הא ואו הה	ג"ן
צ	ואמת	יוד הי ואו הא	ד"ן
זן	נוצר חסד	יוד הי וו הה	י"ן
ט	לאלפים	יוד הי ואו הה	נ"ז
ל	נושא עון	יוד הה וו הה	ס"ב
י"א	רפשׂע	יוד הי ואו הי	ס"ג
י"ב	וחטאה	יוד הה ריך הי	ס"ז
י"ג	רצכדה	יוד הי ריך הי	ע"ב

תבונה

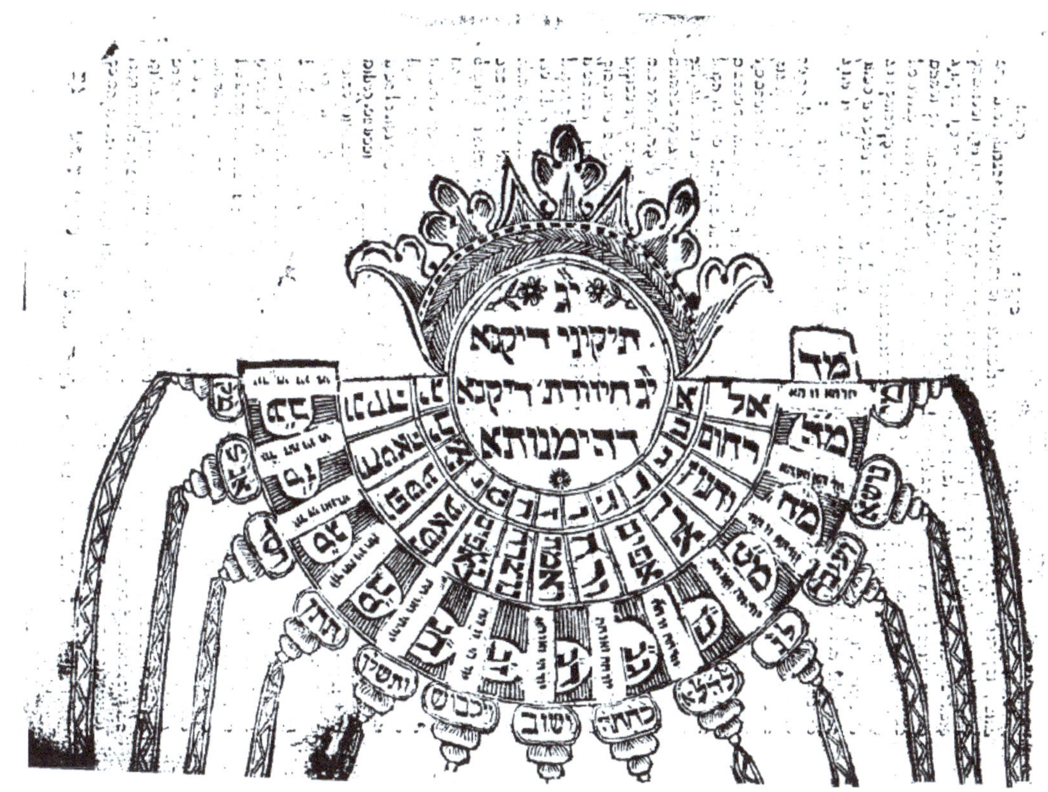

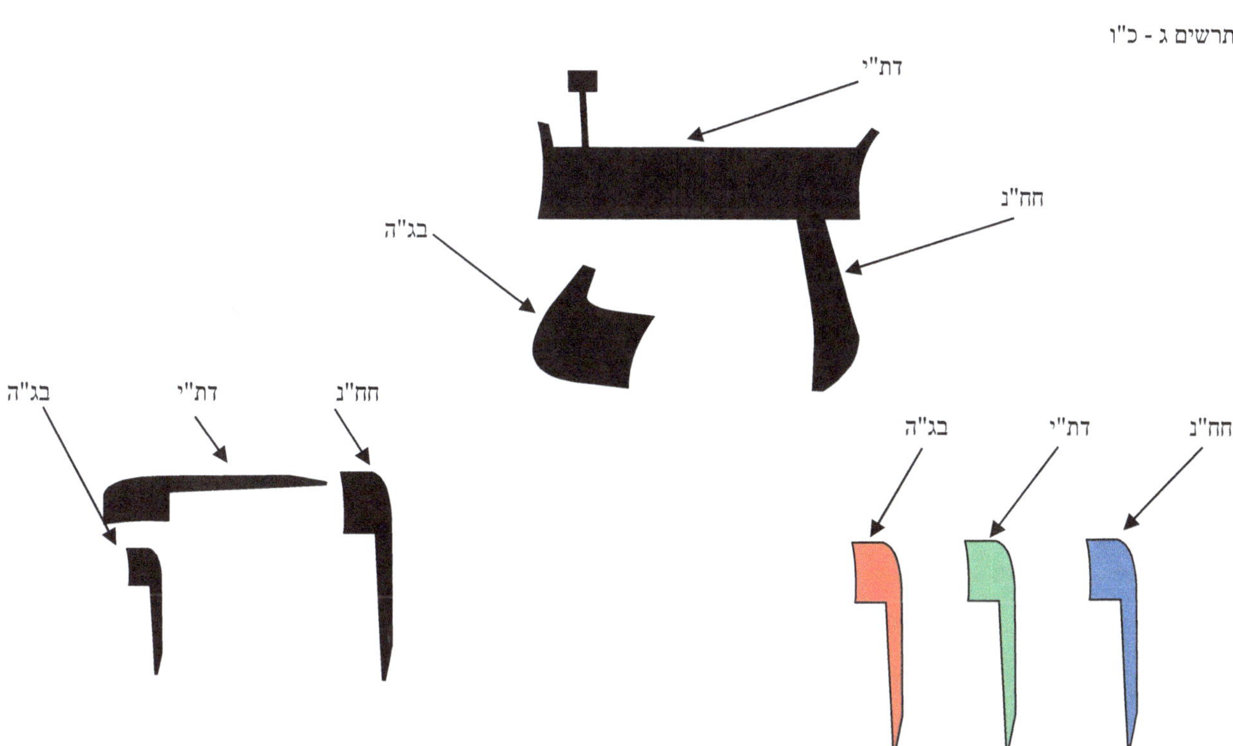

א"ז

בינה
יש"ס
תבונה

דעת
יש"ס
תבונה

חכמה
יש"ס
תבונה

גבורה
יש"ס
תבונה

תפארת
תבונה
יש"ס
חזה דז"א

חסד
יש"ס
תבונה

הוד
יש"ס
תבונה

יסוד
יש"ס

נצח
יש"ס
תבונה

כתר
בינה   חכמה
דעת
גבורה   חסד
תפארת
הוד   נצח
יסוד
ז"א דאצילות
צלם דתבונה

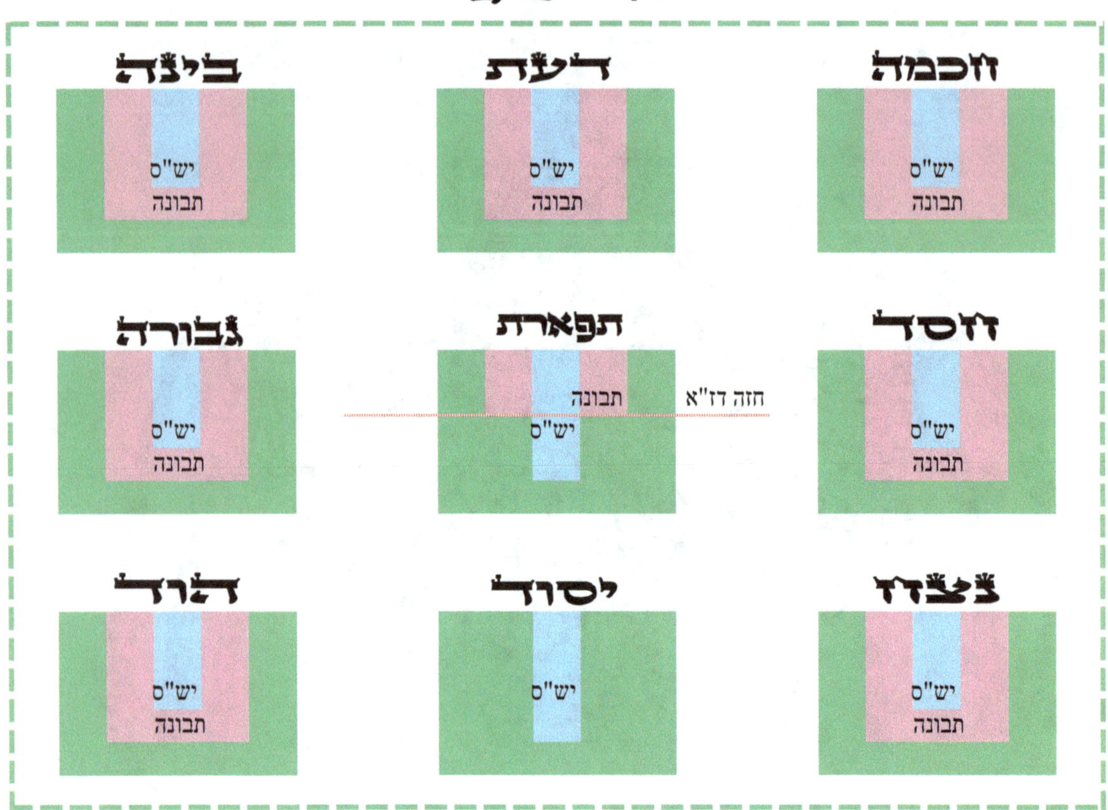

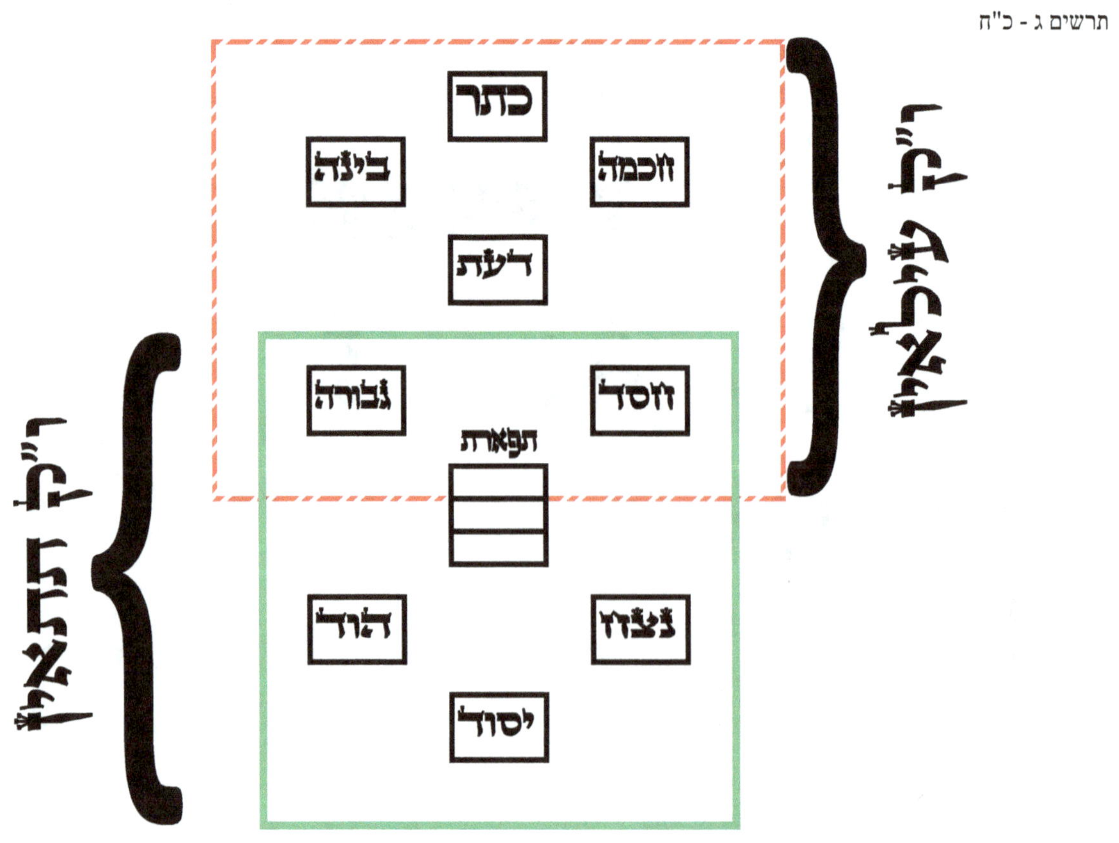

תרשים ג - כ"ט

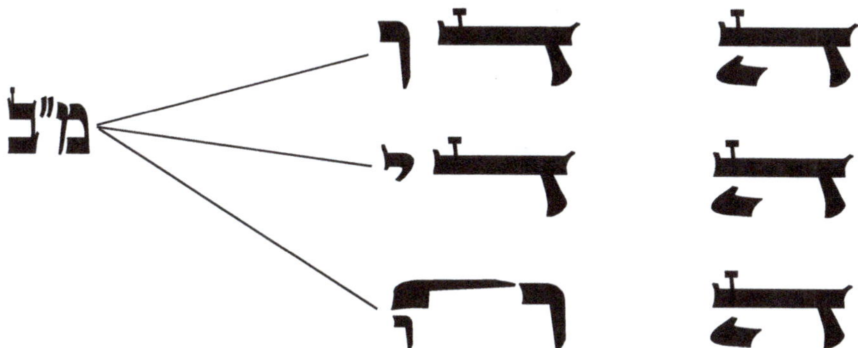

תרשים ג - ל

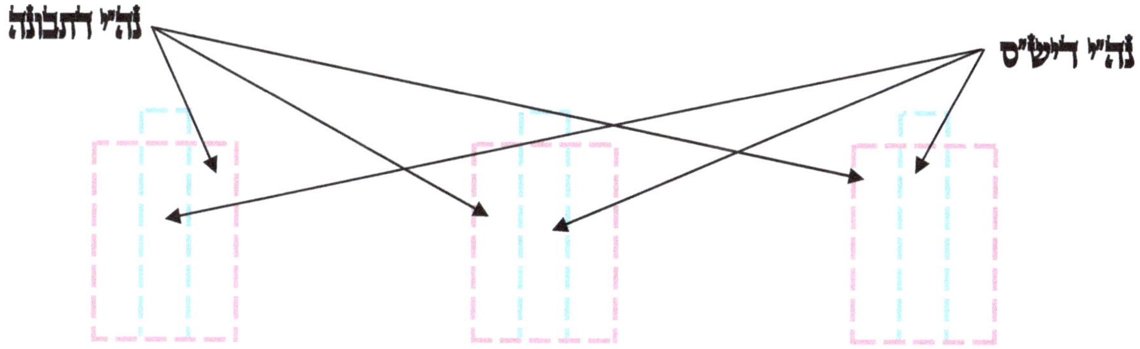

תרשימים שער ד' פרק ג'

תרשים ג - ל"א

התבונה השלישית
נצח התבונה
יסוד התבונה
הוד התבונה
כתר
חכמה
בינה
דעת
חסד
גבורה
תפארת
נצח
הוד
יסוד
ז"א

תרשים ג - ל"ב

יו"ד ה"א וא"ו ה"א
אהי"ה
אהי"ה
אהי"ה
ס"ג

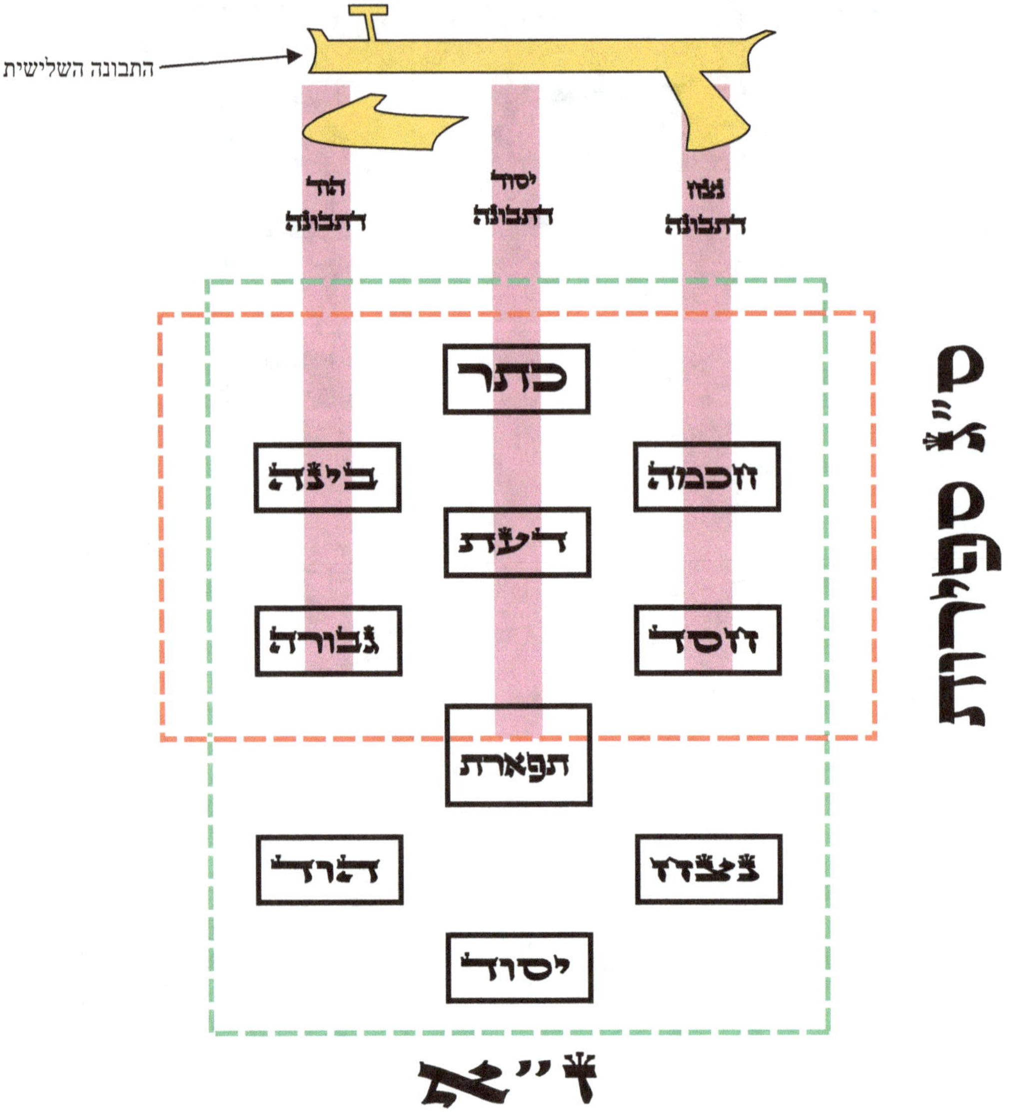

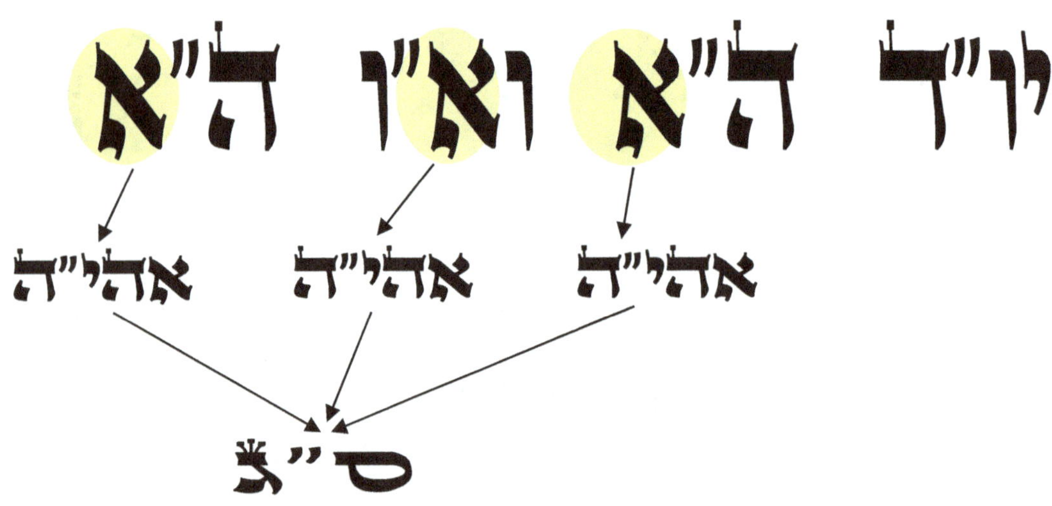

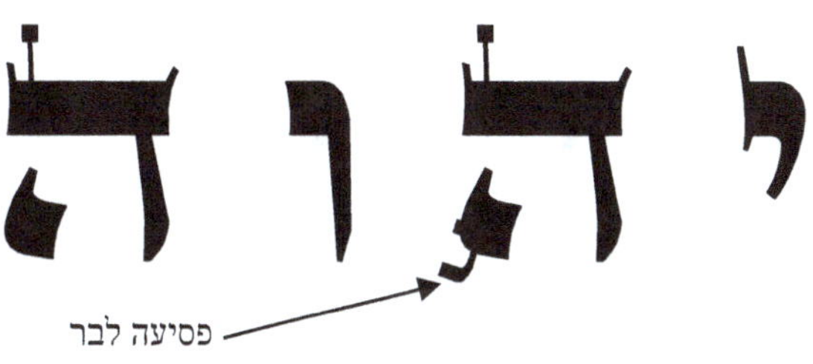

תבונה ראשונה

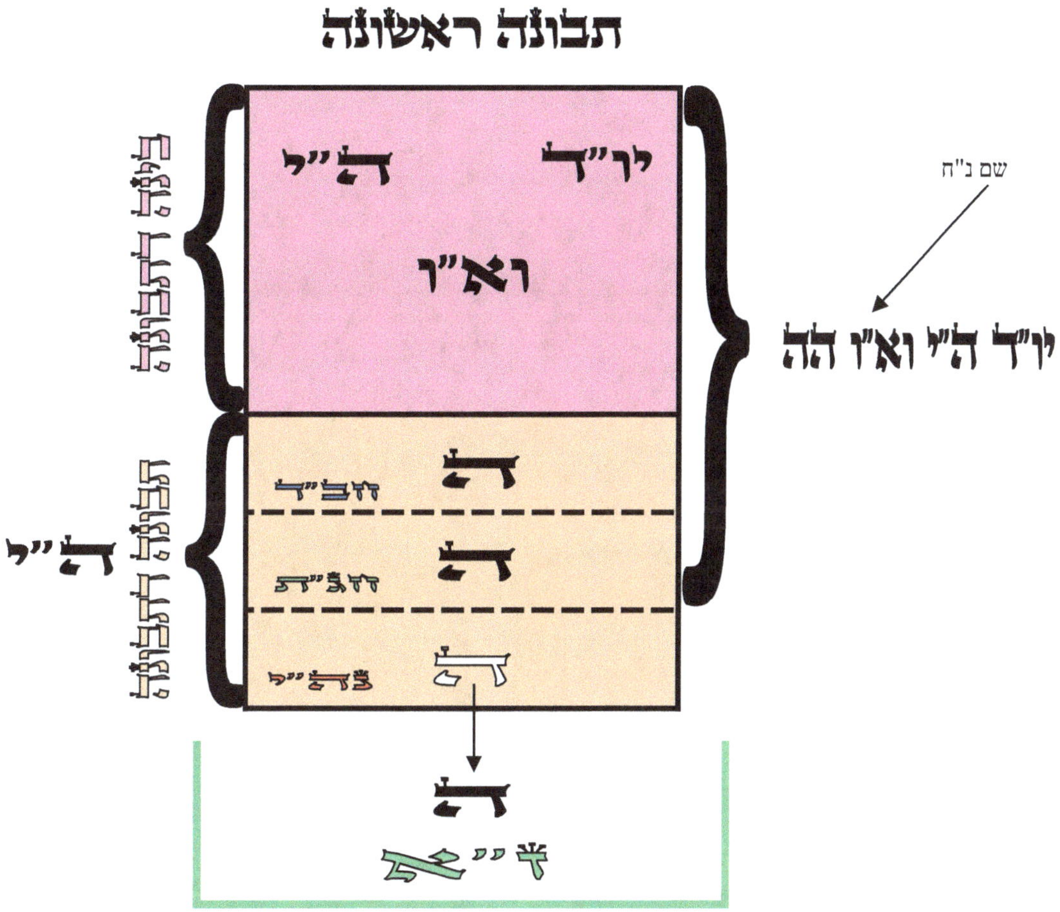